Meditação
Judaica

Dados Internacionais de Catalogação na Publicação (CIP)
(Câmara Brasileira do Livro, SP, Brasil)

Kaplan, Aryeh
  Meditação judaica : um guia prático / Aryeh Kaplan ; [tradução Mônica Magnani Monte]. - São Paulo : Ágora, 2010.

  Título original : Jewish meditation : a practical guide.
  ISBN 978-85-7183-039-4

  1. Judaísmo – Doutrinas 2. Meditação – Judaísmo I. Título.

10-06429   CDD-296.72

Índice para catálogo sistemático:

1. Meditação judaica   296.72

EDITORA AFILIADA

Compre em lugar de fotocopiar.
Cada real que você dá por um livro recompensa seus autores
e os convida a produzir mais sobre o tema;
incentiva seus editores a encomendar, traduzir e publicar
outras obras sobre o assunto;
e paga aos livreiros por estocar e levar até você livros
para a sua informação e o seu entretenimento.
Cada real que você dá pela fotocópia não autorizada de um livro
financia um crime
e ajuda a matar a produção intelectual em todo o mundo.

Meditação Judaica

UM GUIA PRÁTICO

Aryeh Kaplan

EDITORA
ÁGORA

MEDITAÇÃO JUDAICA
Um guia prático
Do original em língua inglesa: Jewish meditation
Copyright © 1985 by Schocken Books Inc.

Esta tradução, cujos direitos foram reservados pela Summus Editorial,
foi publicada mediante acordo com a Schocken Books,
uma divisão da Random House, Inc.

Editora executiva: **Soraia Bini Cury**
Editora assistente: **Salete Del Guerra**
Assistente editorial: **Carla Lento Faria**
Tradução: **Mônica Magnani Monte**
Glossário: **Michael Malogolowkin**
Copidesque e revisão técnica: **Davi Bogomoletz**
Projeto gráfico, capa e diagramação: **Acqua Estúdio Gráfico**
Foto da capa: **Sylvia Mielnik – Ruela medieval no bairro judaico
da cidade espanhola de Girona, que foi um importante
centro de estudos de cabala.**
Impressão: **Sumago Gráfica Editorial**

Editora Ágora

Departamento editorial
Rua Itapicuru, 613 — 7º andar
05006-000 — São Paulo — SP
Fone: (11) 3872-3322
Fax: (11) 3872-7476
http://www.editoraagora.com.br
e-mail: agora@editoraagora.com.br

Atendimento ao consumidor
Summus Editorial
Fone: (11) 3865-9890

Vendas por atacado
Fone: (11) 3873-8638
Fax: (11) 3873-7085
e-mail: vendas@summus.com.br

Impresso no Brasil

SUMÁRIO

Introdução 7

CAPÍTULO 1 | O que é meditação? 13

CAPÍTULO 2 | Por que meditar? 18

CAPÍTULO 3 | Técnicas 26

CAPÍTULO 4 | Estados de consciência 38

CAPÍTULO 5 | Meditação judaica 55

CAPÍTULO 6 | Meditação mântrica 71

CAPÍTULO 7 | Contemplação 82

CAPÍTULO 8 | Visualização 97

CAPÍTULO 9 | O nada 104

CAPÍTULO 10 | Conversando com Deus 114

CAPÍTULO 11 | A via da oração 123

CAPÍTULO 12 | O relacionamento com Deus 133

CAPÍTULO 13 | Unificação 151

CAPÍTULO 14 | A escada 162

CAPÍTULO 15 | Em todos os teus caminhos 171

CAPÍTULO 16 | Os mandamentos 178

CAPÍTULO 17 | Entre homem e mulher 185

CAPÍTULO 18 | Como remodelar o *self* 192

Glossário 198

INTRODUÇÃO

DE MODO GERAL, as pessoas ficam surpresas ao ouvir a expressão "meditação judaica". Judeus bastante cultos, incluindo rabinos e estudiosos, desconhecem a existência de tal prática. Quando diante de textos que versam sobre a meditação judaica, eles alegam que a prática pertence aos recônditos esotéricos ou ocultos da cultura judaica, e nada tem que ver com o judaísmo corrente, compartilhado pela comunidade. Não é de espantar, portanto, que os vários livros sobre meditação deem tão pouca atenção ao judaísmo. Embora a maioria dos autores não desconheça os elementos místicos existentes no judaísmo, eles normalmente se limitam a discutir a Cabala ou os mestres chassídicos. A maioria dos livros sobre meditação enfatiza as práticas orientais e, algumas vezes, a meditação cristã, mas a meditação judaica é completamente ignorada.

Para estudiosos da meditação, essa é uma grave omissão. O judaísmo produziu um dos mais importantes sistemas de meditação, e ignorá-lo é tornar qualquer estudo incompleto. Além do mais, uma vez que o judaísmo é uma religião oriental que migrou para o Ocidente, suas práticas de meditação podem muito bem ser aquelas de maior relevância para o homem ocidental. Desconhecer as práticas judaicas de meditação é perder um elo importante entre o Oriente e o Ocidente. Essa omissão é ainda mais grave já que existem consideráveis indícios de que os mestres místicos judeus conheceram e trocaram ideias com os mestres sufis, além de terem conhecido as escolas da Índia.

Para os judeus, essa é uma lacuna ainda mais séria, pois trata-se de um povo espiritualizado por natureza, muitos dos quais buscam ativamente o sentido espiritual da vida, muitas vezes em nível místico. Há várias gerações, um grande número de judeus sentiu-se atraído pelas tradições místicas de grupos como os maçons. Hoje, muitos judeus americanos estão envolvidos com religiões orientais. Calcula-se que cerca de 75% dos devotos em alguns *ashrams* sejam judeus, e um grande número deles pratique algum tipo de meditação, como a meditação transcendental, por exemplo.

Ao conversar com esses judeus, indagando-lhes por que procuram outras religiões em vez de buscar a sua própria, eles me respondem que não conhecem nada de profundo ou espiritualmente satisfatório no judaísmo. Quando retruco que há uma forte tradição de meditação e misticismo, não apenas no judaísmo como um todo, mas no judaísmo corrente, atual, lançam-me um olhar incrédulo. É compreensível que os judeus procurem orientação espiritual em outras religiões, pelo menos até se conscientizarem da riqueza espiritual de sua própria tradição.

Há alguns anos, fui convidado para dar uma palestra em uma pequena sinagoga numa região ao norte de Nova York. O tempo estava ruim, e apenas vinte pessoas compareceram; assim, em vez de dar a palestra conforme tinha planejado, reuni as pessoas em um círculo e limitei-me a conversar com elas. A maioria das pessoas ali presentes conhecia muito pouco sobre o judaísmo. No decorrer de nossa conversa, comecei a falar sobre o *Shemá*[1], e de que forma ele pode ser utilizado como uma meditação (veja o

---

1   Uma afirmação do monoteísmo, recitada pela manhã e à tarde, cuja primeira linha diz: "Ouve [*Shemá*] ó Israel, *Adonai* é nosso Deus, *Adonai* é um".

Capítulo 3). Uma das mulheres presentes perguntou-me se eu poderia fazer uma demonstração, e eu concordei.

A meditação não durou mais de dez ou quinze minutos. Normalmente, demoraria mais, porém, na ocasião, senti-me pressionado pelo tempo. Ainda assim, ao término da prática, todos os presentes, eu inclusive, estávamos literalmente sem fôlego. Juntos, experimentamos uma elevação espiritual muito significativa.

"Por que nunca fazemos nada no gênero durante os cultos?", perguntou-me um dos homens presentes. Essa foi uma pergunta a que não pude responder. Começou-se então a falar sobre a frieza e a esterilidade espiritual de alguns cultos nas sinagogas, argumentando-se que uma prática como aquela que funcionou tão bem em grupo poderia tornar os cultos muito mais expressivos. Juntos, questionamo-nos se a proposta original do culto em sinagoga não se destinaria a ser uma experiência de meditação.

Se, para o judeu não praticante, é difícil encontrar um sentido espiritual no judaísmo, às vezes isto é difícil também para o judeu ortodoxo. Já fui abordado por estudantes de *Yeshivá*, praticantes dos rituais do judaísmo, que não conseguiam entender como essas práticas poderiam contribuir para a sua elevação espiritual. Ainda mais problemático é o número de judeus ortodoxos envolvidos em práticas como a meditação transcendental. A grande maioria não se sente à vontade praticando-a, mas acredita que os benefícios suplantam os riscos. Quando perguntados por que não buscam tal tipo de experiência no judaísmo, eles respondem como os judeus não praticantes: desconhecem que é possível encontrar essas práticas no judaísmo.

Meu primeiro livro sobre o assunto, *Meditation and the Bible*, publicado em 1978, despertou um novo interesse sobre a meditação judaica em vários círculos. Foi a primeira vez que a maioria das pessoas ouviu falar no assunto. Embora o livro faça várias referências a uma quantidade considerável de material já publicado, a maioria das fontes nunca tinha sido traduzida do hebraico, e estava disponível apenas aos estudiosos mais experientes. Mesmo assim, grande parte do material era de difícil compreensão para aqueles que não estivessem envolvidos em práticas de meditação. Para tornar esse material acessível, seria necessário encontrar as chaves que abrissem as portas da compreensão, e muitas dessas chaves encontravam-se, tão somente, em manuscritos antigos e não publicados.

É significativo o fato de que a maioria dos textos importantes sobre meditação judaica nunca tenha sido publicada, nem mesmo em hebraico. As obras mais importantes existem apenas sob a forma de manuscritos, trancafiados em bibliotecas e museus. No processo de pesquisa para aquele livro, bem como para um trabalho posterior, intitulado *Meditation and Kabbalah*, primeiro foi preciso localizar os manuscritos, o que envolveu pesquisa em periódicos e catálogos de biblioteca. Depois de encontrar os manuscritos, foi preciso fazer cópias, o que não era nada fácil quando, por exemplo, o manuscrito estava na Biblioteca Lênin, em Moscou. Muitos deles tinham centenas de anos, redigidos numa escrita já obsoleta, o que dificultou decifrá-los. Contudo, o esforço valeu a pena, desvelando várias chaves para a compreensão da meditação judaica.

Como existe muito pouco material publicado a esse respeito, várias pessoas argumentavam que só era possível encontrar material sobre o assunto em livros bem antigos – obras que, muitas vezes, sequer vale a pena publicar. Na verdade, muitos livros versando sobre os métodos cabalísticos de meditação não eram publicados porque sua prática era considerada perigosa, e não haviam sido idealizados para o público em geral. Ainda assim, pode-se dizer que essas obras esclarecem passagens obscuras encontradas em livros atuais; são parte integrante do quebra-cabeça e, sem elas, seria praticamente impossível compreender alguns aspectos principais do judaísmo. Depois que comecei a montar o quebra-cabeça, ficou claro para mim que alguns dos mais importantes líderes judeus do passado valiam-se de variadas técnicas de meditação.

Após a publicação de *Meditation and the Bible*, começou a aumentar o interesse pela meditação judaica. Até mesmo o rabino da corrente Lubavitch, um subgrupo do movimento chassídico, divulgou uma diretriz afirmando que as formas da meditação judaica deveriam ser exploradas. Formaram-se grupos que ensinavam e praticavam a meditação judaica nos Estados Unidos e em Israel. Eu me sinto honrado com o fato de meus livros terem servido de base para muitos desses grupos.

Infelizmente, alguns grupos envolvidos com a "meditação judaica" estavam praticando algo muito diferente do judaísmo. Alguns deles tentaram adaptar práticas orientais para o público judaico, ou dar uma abordagem judaica às técnicas orientais. Esses grupos não estavam ensinando meditação judaica, embora atraíssem pessoas de todos os tipos.

Nesse meio-tempo, comecei a colocar em prática as técnicas que encontrei nos livros, junto com um grupo de psiquiatras e psicólogos judeus observantes. Juntos, exploramos o espaço interior do estado meditativo. David Sheinkin (de abençoada memória), Seymour Applebaum e Paul (Pinchas) Bindler eram alguns dos participantes. Arnie e Roz Gellman, Miriam Benhaim Circlin, Sylvia Katz, Jeff Goldberg, Gerald Epstein, Perle Epstein e muitos outros também forneceram contribuições valiosas ao grupo.

Uma descoberta importante que fizemos foi a de que a maioria dos textos versando sobre meditação judaica pressupõe que o leitor esteja familiarizado com as técnicas gerais, fornecendo apenas detalhes adicionais. Esses detalhes eram fascinantes, mas quando tentamos colocá-los em prática descobrimos que faltavam muitas informações. Era algo semelhante a tentar usar um livro de culinária francesa sofisticada, sem sequer saber cozinhar. As receitas estão todas lá, mas de nada adiantam para o iniciante. No caso da meditação judaica, os ingredientes também estavam lá, mas não sabíamos como misturá-los – essa informação ou era omitida ou então não estava muito clara.

Pode-se dizer que o quebra-cabeça foi quase todo resolvido nos meus dois livros anteriores sobre meditação. Contudo, nenhum deles tinha sido planejado para se tornar um guia prático. Muitas pessoas comentaram sobre a necessidade de um guia para a meditação judaica, escrito em uma linguagem não técnica, voltada para leigos no assunto. Essa necessidade serviu de inspiração para este livro.

Este livro apresenta as formas mais básicas da meditação judaica, particularmente do modo como são discutidas em fontes convencionais. Para a sua leitura, não é necessária nenhuma formação em meditação nem conhecimentos profundos sobre o Judaísmo, e espero com ele poder oferecer ao leitor alguma luz sobre as dimensões espirituais da herança judaica.

Aryeh Kaplan
17 de dezembro de 1982

CAPÍTULO 1

O QUE É MEDITAÇÃO?

O QUE É MEDITAÇÃO? Para alguém já envolvido nessa prática, a pergunta é desnecessária; já para quem nunca meditou, o assunto parece envolto em um manto de mistério. Para muitas pessoas, a palavra "meditação" evoca a imagem de uma pessoa sentada na posição de lótus, os olhos fechados, em estado de serena concentração. Outras podem associar a meditação com santidade e espiritualidade. Pessoas em busca da espiritualidade podem procurar várias práticas de meditação sem saber ao certo o que estão procurando.

Em uma definição bem genérica, meditar seria uma forma controlada de pensar. Decidir exatamente como se deseja direcionar a mente em um período de tempo, e então colocar isso em prática.

Na teoria pode parecer muito fácil, mas na prática tudo muda. A mente humana não é um animal domesticado; muito pelo contrário, parece ter uma mente própria, que ultrapassa a vontade daquele que pensa. Qualquer pessoa que já tenha tentado concentrar-se em um assunto, e logo vê sua mente vagando em direção a outros, sabe perfeitamente do que estou falando. Às vezes, parece que quanto mais tentamos controlar nossos pensamentos mais eles se recusam a ser controlados.

É estranho que a maioria das pessoas nunca tenha parado para pensar sobre seus pensamentos. Eles estão tão enraizados dentro de nós que os aceitamos sem questionar. Um dos primeiros passos na prática da meditação é aprender a não aceitá-los assim, automaticamente.

Um exercício bem simples irá demonstrar como esse controle é difícil. Na teoria, trata-se de um exercício ridiculamente fácil, mas na prática ele se revela exasperantemente difícil.

Eis o exercício: Pare de pensar.

Normalmente, quando não estamos ocupados com algo, verificamos um fluxo constante de pensamentos atravessando a mente. Nesse devaneio, um pensamento cede lugar a outro, quase que automaticamente. É um fluxo constante, contínuo, como se conversássemos conosco mesmos. De modo geral, esse devaneio é algo tão enraizado em nosso ambiente mental que sequer prestamos atenção nele.

O primeiro exercício é tomar consciência dos nossos pensamentos, tentando interrompê-los. Tente esvaziar sua mente por alguns minutos e não pensar em absolutamente nada. Parece fácil? Interrompa a leitura agora e tente.

Por quanto tempo conseguiu parar de pensar? A menos que você seja uma pessoa muito especial, ou já tenha tido alguma experiência com meditação, é bem provável que só tenha conseguido esvaziar a mente por uns poucos segundos. Caso tenha conseguido um tempo um pouco maior, é bem provável que o período de silêncio mental tenha sido interrompido pelo pensamento "Eu não estou pensando", ou então por "Estou tentando não pensar". Na prática, é extremamente difícil "desligar" os pensamentos. Como veremos, o controle sobre o pensamento é uma das metas de algumas práticas de meditação.

Há outra maneira de tentar controlar a mente. Ao terminar a leitura deste parágrafo, feche os olhos. É bem provável que você veja luzes ou *flashes* de imagens. Espere alguns momentos, o suficiente para ficar relaxado, e verá que esses *flashes* de luzes vão se fundir, adquirindo a forma de um caleidoscópio no olho da mente. Essas imagens surgirão e mudarão espontaneamente, com pouco ou nenhum controle da mente consciente. Uma imagem flui em direção a outra, enquanto outra aparece e se desenvolve. É praticamente impossível concentrar-se nessas imagens criadas pela mente porque, ao tentarmos, elas desaparecem. Agora, com os olhos fechados, tente controlar essas imagens. Tente esboçar a letra "A" no olho da mente. Só será possível controlar essa imagem após algum tempo de prática. Uma das técnicas de meditação é justamente a de "imaginar", ou seja, evocar uma imagem no olho da mente e retê-la ali. Na meditação judaica isso é conhecido por "gravação". A imagem fica retida na mente como se estivesse gravada nela, de modo que é possível retê-la na mente pelo tempo desejado. Só depois de muito treino é possível aperfeiçoar essa técnica.

Após tentar esses dois exercícios, o leitor poderá verificar que a mente possui uma "mente própria". É como se existissem duas partes da mente, uma sob controle da nossa vontade, e outra fora desse controle. A parte da mente sob o controle da nossa vontade é chamada de consciência, enquanto a outra parte é chamada de inconsciente ou subconsciente. Uma vez que o subconsciente foge ao controle da vontade, não é possível controlar o que ele passa para a mente consciente.

Uma das metas da meditação, portanto, é adquirir controle sobre a parte subconsciente da mente. Consegui-lo é adquirir um grau elevado de autodomínio, o que também é uma das metas da meditação.

Isso explica por que tantas práticas utilizam exercícios respiratórios como mecanismo de meditação. Geralmente, a respiração é algo automático, estando, portanto, sob o controle da mente inconsciente. A menos que a pessoa esteja controlando de forma consciente a sua respiração, ela refletirá a sua disposição inconsciente. Esse é um dos motivos pelos quais a respiração é utilizada como um dos indicadores no detector de mentiras.

Ainda assim, é possível controlar a respiração, e fazê-lo de modo bem fácil. A respiração, portanto, forma um elo entre a mente consciente e a inconsciente. Ao aprender a se concentrar na respiração e a controlá-la, é possível aprender a controlar a mente inconsciente.

O próprio processo de pensamento também é controlado em grande parte pelo inconsciente, mas ele também pode ser controlado pela mente consciente. Isso fica mais evidente no caso do devaneio. Quando estamos relaxados, sem atentar para o fluxo da mente, passamos de um pensamento a outro sem esforço consciente. De fato, existem técnicas psicológicas que tentam reproduzir essa "associação livre" para tentar compreender a mente inconsciente. No entanto, independentemente do grau de liberdade dessas associações quando expressas a outra pessoa, elas nunca terão o mesmo grau de liberdade que constatamos em um caso de puro devaneio. O devaneio, portanto, pode ser encarado como uma interface entre o consciente e o inconsciente. Ao aprender a controlá-lo, também aprendemos a controlar o inconsciente.

Pode-se dizer o mesmo sobre as visões que aparecem no olho da mente. Uma vez que elas não estão sob o controle da mente consciente, é óbvio que emanam do inconsciente. É difícil controlá-las sem prática; mas é possível aprender e, ao conseguir esse controle, também se constrói uma ponte entre a mente consciente e o inconsciente.

Um dos benefícios mais poderosos conseguidos com a meditação é o controle sobre a mente inconsciente. Pode-se aprender a utilizar a mente consciente para controlar processos mentais que, geralmente, estão sob o controle do inconsciente. Passo a passo, o inconsciente vai se tornando acessível à consciência, permitindo à pessoa adquirir controle sobre todo o processo do pensamento.

Às vezes, parece que partes diferentes da mente atuam de forma independente. O conflito entre essas duas partes da mente pode ser tão forte que o indivíduo sente-se como se fosse duas pessoas distintas. Durante esses conflitos interiores, parece que uma parte da mente deseja fazer uma coisa, enquanto a outra parte quer fazer outra.

Uma pessoa pode, por exemplo, ver-se às voltas com uma tentação sexual. Uma parte da mente diz *sim* em voz bem alta, desejando sucumbir a essa tentação, ao passo que a outra parte pode achar que haja nisso algo moralmente errado e diga *não* com a mesma intensidade. A pessoa pode sentir-se dividida entre as duas vozes.

Na psicologia freudiana clássica, estaríamos diante de um conflito entre o id e o superego. No exemplo mencionado acima, o id estaria dizendo *sim* à tentação, enquanto o superego a estaria rechaçando. De algum modo, o ego (o "eu") age como mediador dessas duas vozes subconscientes. Embora o esquema freudiano resolva essa questão de forma bastante clara, a introspecção nos mostra que esse conflito é, na verdade, muito mais complexo que uma simples questão entre o id e o superego. Às vezes, mais de duas vozes parecem emitir seus sinais na mente. Se uma pessoa aprender a controlar o subconsciente, ela poderá evitar boa parte desse tipo de conflito.

Há várias teorias sobre o subconsciente, mas não é a proposta deste livro analisá-las detalhadamente. Contudo, se a meditação implica o controle sobre o pensamento, isso significa que a pessoa tem controle sobre todo o processo, incluindo a entrada de dados do subconsciente. Um praticante de meditação experiente aprende a pensar *o que* quer pensar, e *quando* deseja pensar nisso. Essa pessoa pode ter sempre o controle da situação, resistindo às pressões psicológicas atuantes no subconsciente. Além disso, ela controla a si mesma, só fazendo aquilo que realmente deseja fazer. Em muitas escolas, esse autodomínio é uma das metas mais importantes da meditação.

CAPÍTULO 2

POR QUE MEDITAR?

A MEDITAÇÃO, que é o pensamento conduzido pela vontade, oferece muitos benefícios. A maioria das pessoas aprende a pensar ainda muito criança e, ao longo da vida adulta, não o faz de forma diferente; ou seja, a maioria das pessoas usa a mente de um modo que não difere muito de como o fazia aos 6 anos de idade. Com a meditação, a pessoa consegue obter controle sobre o processo do pensamento, aprendendo a pensar de novas formas, e assim vivenciar experiências mentais diferenciadas e mais ricas.

É significativo que, na Cabala, a forma normal de processamento do pensamento é chamada de "mentalidade infantil" (*mochín dekatnút*). Já as maneiras mais avançadas de pensamento e estados de consciência são chamadas de "mentalidade adulta" (*mochín degadlút*). Os métodos do "pensamento adulto" são aprendidos com a meditação, pela qual é desenvolvida a capacidade de transcender as formas de pensamento aprendidas na infância.

No Capítulo 1, por exemplo, discutimos como as diversas partes da mente agem de maneira independente. Assim, uma pessoa pode desejar se concentrar em determinada tarefa enquanto, ao mesmo tempo, outros interesses lampejam sem cessar em sua mente, perturbando a concentração. Enquanto uma parte da mente tenta se concentrar em determinado problema, outras partes dirigem a atenção para as mais diferentes ideias. Enquanto isso ocorrer, a concentração não será completa. Por essa razão, em geral as pessoas usam apenas uma pequena parcela da mente. Embora tentem se concentrar em um único pensamento ou uma única tarefa, partes da mente se envolvem em outras atividades. Por vezes, a parte restante da mente permanece apenas passiva. Acontece, porém, de outras parcelas da mente agirem em oposição à concentração da pessoa. A menos que se saiba controlar a mente inteira, é impossível desenvolver uma concentração total.

Costuma-se considerar a concentração um meio para solucionar problemas. No entanto ela envolve, também, experiências mais básicas. Suponhamos, por exemplo, que você esteja tentando sentir a beleza de uma rosa. Ao mesmo tempo, pensamentos sobre seu trabalho pipocam em sua mente. A atenção não permanece focalizada na rosa, e esta não é vista em sua totalidade, em toda a sua beleza.

Há outro fator, porém, que impede de vivenciar a rosa em sua plenitude. Já discutimos, anteriormente, as imagens espontâneas que surgem no campo da visão quando os olhos estão fechados. Na verdade, também se podem ver essas imagens com os olhos abertos – em uma sala escura. Uma vez consciente dessas imagens, a pessoa é capaz de vê-las com os olhos abertos em uma sala bem iluminada. A razão de não sermos, em geral, conscientes dessas imagens é que elas são muito tênues em comparação àquelas que penetram na mente quando os olhos estão abertos. Não obstante, tais imagens estão sempre presentes em nossa mente.

Suponhamos, então, que estejamos tentando apreciar a beleza de uma rosa. Independentemente do esforço que fazemos para focalizar a atenção na rosa, ainda assim a imagem dela compete com as imagens autogeradas na mente. É como se, entre nós e a rosa, houvesse uma tela de imagens estranhas, impedindo-nos de vê-la com toda a nitidez.

No estado meditativo, porém, é possível eliminar essa interferência e concentrar-se totalmente na rosa. Como veremos, com o treinamento, cria-se a capacidade de eliminar as imagens geradas de forma espontânea, removendo-se, assim, a tela. A beleza da flor, quando vista nesses estados elevados de consciência, é indescritível para quem jamais a experimentou. O máximo que eu poderia dizer é que a rosa parece, na verdade, irradiar beleza – o que vale, também, para qualquer outra coisa no mundo.

Outra meta importante da meditação é, portanto, aumentar a atenção e a percepção. Quanto maior for a parte da mente concentrada em determinada experiência, tanto maior será a vivência dessa experiência. Quando todas as células de nosso cérebro estão em sintonia com a experiência da rosa, ela é indescritivelmente diferente do que se vê no estado normal de consciência.

Esse processo pode ocorrer de duas maneiras: a forma mais simples de funcionamento da meditação é aquietar todas as partes da mente que não estão concentradas na experiência imediata. Ao procedermos assim, a vivência não é aumentada diretamente, mas todas as interferências são removidas. Desse modo, a percepção da rosa pode não ser mais intensa do que antes, mas, sem a "estática" mental, ela parecerá muito mais vívida. Seria como sintonizar uma estação de rádio muito fraca: mesmo que não se possa aumentar o volume, ouve-se a estação de maneira mais clara quando se consegue eliminar a estática. Esse nível de meditação pode ser alcançado com a maioria das técnicas meditativas, e é o estado de consciência mais prontamente alcançável nos estágios iniciais.

A segunda forma pela qual a meditação engrandece uma experiência reside no aumento do foco mental sobre ela. Em última análise, quando a pessoa se torna um meditante mais experiente, ela aprende a concentrar toda a mente em uma única experiência. No caso, seria como aumentar o volume do rádio ou usar um sistema de maior fidelidade. Esse nível é atingido nos estágios mais avançados de meditação, e por meio dele a pessoa pode aplicar toda a força da mente em algo de sua escolha. Naturalmente, nenhuma das formas é alcançada sem a outra. Ao aquietar outras áreas da mente, esta também se centra mais na experiência. Inversamente, concentrar mais a mente na experiência implica o bloqueio de outras percepções e pensamentos.

A consciência expandida pode ser usada de várias maneiras. Pode-se usar a meditação para obter consciência maior e mais clara do mundo circundante. Ao olhar para algo como uma rosa, em um estado de consciência meditativo, pode-se ver nela muito mais do que se veria normalmente. Diz-se que todo o universo pode ser visto em um grão de areia. Em um estado meditativo bem elevado, essa afirmativa é realmente possível. À medida que aumenta a capacidade de concentração, toma-se consciência dos fenômenos sutis que, de outra maneira, não seriam detectáveis. Assim, o mundo do meditante pode se tornar muito mais rico em comparação ao de pessoas que desconhecem essa experiência.

Mais uma vez, porém, defrontamo-nos com a barreira da linguagem. Quem jamais vivenciou esses fenômenos não tem como compreender uma descrição deles. A situação é mais bem apreendida com uma analogia.

Para quem enxerga normalmente, uma página em braile parece um papel áspero e nada mais. O cego, porém, que não tem o sentido da visão competindo com o sentido do tato, sente menos "estática". Ademais, como ele usa o tato com mais frequência, este é mais desenvolvido. Com a prática, o cego aprende a decifrar os padrões dos pontos em relevo como letras e palavras. É bem verdade que a pessoa dotada de visão é capaz de aprender a ler em braile, mas aqueles que o fazem com perícia em geral leem de olhos fechados, de forma que a faculdade da visão não interfira no sentido do tato.

A leitura em braile é um bom exemplo de uma experiência que não tem sentido para uma pessoa destituída dessa sensibilidade, mas apresenta um mundo de significados para a pessoa sensível a ela. Existem muitas dessas experiências no mundo, e a meditação pode nos ensinar a "ler" essas mensagens. Outra analogia expressa essa ideia de forma ainda mais clara. Muitos cegos aprendem a se movimentar ouvindo os ecos subliminares transmitidos pelos edifícios e outros objetos de grande porte. Eis por que os cegos em geral batem incessantemente com sua bengala; eles ouvem os ecos gerados pelas batidas, os quais os informam sobre os obstáculos. O elemento singular nesse caso é que o cego afirma não ouvir, realmente, os ecos, mas senti-los de uma forma impossível de descrever. Em vez de falar da experiência de ouvir o eco, o cego a descreve em termos de "sentir" um obstáculo. Tais ecos não são percebidos pela pessoa dotada de visão, já que o fluxo de informações provenientes da visão os domina completamente. Além do mais, há um período de aprendizagem no qual o cego torna-se sensível aos ecos.

Em um nível mais esotérico, na medicina tibetana, como também na Cabala, inúmeras doenças são diagnosticadas tão somente pela tomada do pulso. As diferenças sutis na percepção tátil e no ritmo do pulso fornecem, ao médico experiente, o quadro do estado de saúde do corpo com uma acuidade fantástica. Ao presenciar o médico pessoal do Dalai-Lama fazer um diagnóstico desse tipo, um famoso médico ocidental relatou ter testemunhado algo no limiar do sobrenatural.

O segredo, porém, apresenta dois aspectos importantes. Primeiro, o praticante precisa aprender a entrar em um profundo estado de concentração, no qual os batimentos do pulso preencham todo o seu mundo de sensações, de maneira que as variações mais sutis sobressaiam clara e vividamente. O praticante, assim, é capaz de extrair muitas informações dos batimentos do pulso. Para ele, cada pulsação é uma enciclopédia de informações sobre o corpo. Uma vez que aprenda a "ler" o batimento do pulso desse modo, ele saberá, então, o que cada variante significa. Pessoas que tentaram aprender essa técnica dizem que se pode levar quase quinze anos para dominá-la e conseguir fazer um diagnóstico correto.

Diversas fontes judaicas falam da meditação como um meio de chegar à percepção extrassensorial (PES) em áreas como telepatia, leitura da mente, clarividência e previsão do futuro. Esses poderes implicam, também, uma ampliação da consciência. No estado normal de consciência, os sinais de PES recebidos pela mente são obscurecidos pelas informações perceptivas que entram constantemente no cérebro e também pela "estática" ou "ruído" natural da mente. Como foi discutido anteriormente, essa estática compõe-se de pensamentos e imagens produzidos espontaneamente pela mente, e situa-se fora do controle consciente. No estado meditativo, aquietado o barulho ou a estática, os fenômenos de PES são discernidos com maior clareza. Muitas experiências de PES indicam que isso é bastante verdadeiro, e que a meditação aumenta esse efeito. Infelizmente, tal como no caso das experiências de PES, os resultados dependem de tantas variáveis que é difícil chegar a conclusões seguras.

Outro objetivo da meditação é o de sintonizar a mente com determinadas verdades (ou Verdades com V maiúsculo). Quando uma pessoa tenta explorar questões como o sentido da existência, o real objetivo da vida, a natureza última da realidade, as respostas permanecem evasivas, apenas "roçando" a mente, sem se aprofundar. As possíveis respostas pairam na fronteira da consciência, mas são tão sutis que não são percebidas devido à estática mental.

Uma das verdades mais evasivas é o conhecimento do *self*. Geralmente, vemos a nós mesmos apenas através do tênue véu do ego. Por essa razão é impossível nos vermos tal como os outros nos veem. Por meio da meditação, contudo, somos capazes de remover o véu do ego e ver a nós próprios com certo grau de objetividade. Assim, podemos olhar para nós mesmos objetivamente, como se fôssemos uma terceira pessoa. Tornamo-nos então capazes de enxergar nossas próprias limitações e assim superá-las.

A autoconsciência gerada pela meditação também é capaz de fortalecer o ego, quando necessário. Uma pessoa com uma autoimagem ruim e sensações difusas de inadequação aprende a ser mais segura. Ela tem como examinar as próprias motivações e aprender a se tornar mais autodeterminada, a fazer aquilo que deseja, e não somente o que os outros esperam dela. É capaz de encarar objetivamente seus relacionamentos com os demais e aprender a melhorá-los.

Um dos usos mais potentes da meditação reside em alcançar uma consciência do espiritual. Embora possamos estar cercados por um mar de espiritualidade, não somos, em geral, conscientes dele. As sensações espirituais são muito difusas, obscurecidas pelo mundo dos sentidos. Mesmo em estado de privação sensorial, os pensamentos autogerados pela mente tendem a obscurecer a sensação espiritual. No entanto, quem é capaz de aquietar os pensamentos indesejáveis pode, enfim, entrar em sintonia com o espiritual. Essa sintonia é conhecida como experiência mística. Nesse sentido, a meditação é a técnica mais importante utilizada pelos místicos no mundo inteiro.

As experiências mais vívidas foram aquelas alcançadas pelos profetas bíblicos. No sentido bíblico, um profeta é mais que uma pessoa que vê o futuro. Ao contrário, é aquele que possui uma experiência do espiritual tão forte que a usa para recolher informações. Por vezes elas implicam conhecimento do futuro, daí o conceito popular de que profeta é aquele que vê o que ainda está por acontecer. Não obstante, o verdadeiro profeta tem acesso a muitas outras verdades, além do conhecimento do futuro. É importante que se compreenda o papel fundamental da meditação na vida dos profetas de Israel.

Em seu nível mais elevado, a meditação pode levar à experiência de Deus, certamente a experiência espiritual mais elevada possível. Nossa experiência de Deus é frequentemente esmaecida pelo ego e pelo antropomorfismo, de modo que tendemos a ver Deus como uma imagem de nós mesmos, como num espelho. Ao liberar a mente desses obstáculos, a meditação ajuda a abrir nossas mentes por inteiro para a experiência de Deus. Em muitas tradições religiosas, inclusive no judaísmo, este é o objetivo maior da meditação.

CAPÍTULO 3

TÉCNICAS

NESTE PONTO, seria interessante discutirmos e classificarmos as diversas técnicas de meditação, tanto judaicas como não judaicas. As técnicas de praticamente todos os sistemas meditativos podem ser classificadas de modos parecidos; isso não implica que haja algum relacionamento especial entre a meditação judaica e a não judaica. Ao contrário, posto que existe um conceito geral de meditação, todas as formas têm características comuns, que por sua vez podem ser usadas para classificar várias das técnicas. A situação é análoga à da oração, que é importante em todas as tradições religiosas. Determinados elementos são característicos a todas as orações, o que não quer dizer que um sistema de orações seja derivado de outro nem mesmo que, entre eles, exista uma relação. Significa, sim, que as similaridades baseiam-se no fato de que há um número limitado de meios básicos de se relacionar com Deus e de que eles estarão presentes na oração, onde quer que ela exista.

Assim, praticamente toda oração ajusta-se a uma das três categorias seguintes: louvor, pedido, gratidão. Podemos louvar a Deus e falar de Sua grandeza. Podemos pedir a Deus, implorando-Lhe as coisas de que necessitamos ou desejamos. Finalmente, podemos agradecer a Deus pelo que Ele nos deu. Na oração judaica, essas três divisões são formalizadas e seguem uma ordem definida. Contudo, se examinássemos as orações de todas as crenças existentes no mundo, descobriríamos que, salvo raras exceções, elas se encaixariam em uma dessas três categorias.

O mesmo se passa com a meditação. Há um número finito de meios pelos quais a pessoa pode interagir com sua própria mente, e que formam as categorias de todas as meditações. Assim, quando se compreende a meditação em geral, pode-se compreender a meditação judaica em particular. E, posto que a meditação envolve experiências sutis que nem sempre são conhecidas de muitos dos leitores, começarei com um exemplo dos mais simples.

Defini a meditação como uma forma controlada do pensar. No nível mais simples, podemos optar por sentar durante meia hora e apenas refletir sobre um tema específico. Digamos que, na próxima meia hora, resolvamos pensar em uma nova maneira de arrumar os móveis. Com o olho da mente, podemos imaginar as diversas possibilidades de arrumação e, inclusive, planejar como mover a mobília mais pesada. Durante essa meia hora, estaremos meditando sobre a arrumação da mobília. Nada além disso. Não há necessariamente nada de esotérico ou misterioso na meditação. Não há necessidade de ambientes especiais nem de qualquer posição corporal específica. Podemos meditar ao caminhar pelo quarteirão, sentados em uma cadeira confortável ou relaxando na banheira. O simples fato de, por um período específico de tempo, estar pensando sobre determinado tema, ao invés de deixar a mente vagar ao acaso, transforma essa experiência em uma meditação.

Evidentemente, nem sempre é tão fácil assim. O que fazer quando outros pensamentos começam a querer penetrar na mente? Lembremo-nos de que a decisão fora de pensar sobre a nova arrumação da mobília e nada mais. Se a meditação é uma experiência de controle do pensamento, então faz-se mister uma técnica que nos livre dos pensamentos indesejados. Suavemente, há que empurrar os outros pensamentos para fora da mente, ou o oposto, trazê-la de volta ao tema. Ao agir dessa forma, qualquer que seja o método, a pessoa estará desenvolvendo os rudimentos de uma técnica meditativa, de uma técnica meditativa completa e acabada.

A meditação sobre a nova distribuição dos móveis não deixa de ser um exemplo trivial. Mas suponhamos que resolvamos passar meia hora meditando sobre como reorganizar a própria vida. Nesses trinta minutos nos veremos às voltas com as seguintes questões fundamentais:

- O que, em última análise, desejo da vida?
- O que dá sentido à minha vida?
- Qual é o sentido da vida de forma geral?
- Se eu tivesse toda uma vida pela frente, o que faria?
- Se tenho ideais, por quais deles estaria disposto a morrer?
- O que me traria mais felicidade que qualquer outra coisa no mundo?

Provavelmente, todos nós já levantamos tais questões em algum momento de nossa vida. Contudo, o mais provável é que esse questionamento se coloque apenas brevemente. A menos que já estejamos envolvidos em uma prática que nos estimule a pensar no assunto, é pouco provável que dispensemos uma meia hora inteira, sem interrupções, a pensar sobre uma dessas questões. Se nunca fizemos isso, poderemos ter um choque na primeira vez em que o tentarmos. Descobriremos que talvez sequer tenhamos uma ideia de qual seja nosso objetivo na vida, ou que jamais tenhamos pensado antes no sentido da vida.

De fato, decorrida meia hora de reflexão sobre quaisquer das questões acima, talvez cheguemos à conclusão de que ela necessita de mais de uma sessão de meditação. E, talvez, decidamos fazer uma sessão de meia hora uma vez por semana, ou, melhor ainda, resolvamos que, em determinado momento, toda semana, passaremos meia hora meditando sobre o sentido da vida e sobre nossos objetivos pessoais. Nesse estágio, estaremos a caminho de desenvolver uma prática de meditação.

Após várias semanas dessas meditações, provavelmente começaremos a observar um crescimento em diversas áreas. Poderemos resolver reavaliar o rumo de nossa vida e empreender mudanças importantes em nosso estilo de vida. Poderemos nos sentir mais seguros na maneira de tratar os outros, mais confiantes sobre a forma de administrar nosso tempo. Poderíamos chegar, inclusive, a descobrir que estamos constantemente acrescentando coisas novas às nossas motivações e até à nossa própria personalidade.

Nesse ponto, talvez cheguemos à conclusão de que uma vez por semana não é suficiente. Talvez fosse melhor aumentar a frequência da meditação para duas ou três vezes por semana ou, talvez, para uma vez ao dia. Nesse estágio, descobriremos por que muitas escolas de meditação sugerem ou requerem que ela seja um exercício diário.

À medida que continuarmos a explorar aquilo que, para nós, é mais significativo, chegaremos a um ponto em que sentiremos estar nos aproximando de um novo patamar. E passaremos a refletir não apenas sobre o sentido da própria vida, como sobre o significado da existência em geral.

A essa altura, teremos descoberto Deus.

Antes de nos aprofundarmos nesse assunto, é importante colocar uma definição de Deus. Costumamos pensar em Deus como estando "fora", muito longe do mundo. É importante, porém, conscientizarmo-nos de que Deus também está "dentro" – no recôndito mais profundo da alma.

Há duas formas pelas quais podemos encontrar Deus.

Na primeira, refletimos sobre questões como estas: o que há além do espaço e do tempo? Como o mundo veio a existir?

Por que o mundo existe? O que havia antes do tempo? Ao refletir sobre essas questões, poderemos descobrir Deus, mas apenas no sentido de que Ele está "fora".

A segunda forma de encontrar Deus seria mergulhar cada vez mais fundo no *self*, da forma discutida anteriormente. Assim, também se descobre Deus, mas no sentido de que Ele está "dentro". Essa dupla maneira de descobrir Deus relaciona-se ao conceito cabalístico de que Deus tanto circunda como preenche toda a Criação. Quando dizemos que Deus está acima de todas as coisas, e além de todas as coisas, estamos falando dEle no sentido de que Ele abarca e delimita toda a Criação. Esse é o conceito de Deus como estando "lá fora". Contudo, em outro sentido, Deus está muito próximo de nós – mais próximo do que o ar que respiramos, mais próximo que nossas próprias almas – e, nesse sentido, Ele preenche toda a Criação e está "aqui dentro".

Uma vez que o tenhamos descoberto nesse sentido, poderemos desejar transformar a meditação em uma conversa com Ele. Descobrindo Deus na profundeza última do próprio ser, então a forma de se relacionar com essa profundeza seria relacionar-se com Deus. Nesse ponto, a meditação sobre o sentido da nossa existência poderia se transformar numa conversa silenciosa com Deus.

É significativo observar que, segundo o *Midrásh*, foi exatamente assim que começou a carreira de Abraão. Primeiro, Abraão começou a contemplar o sentido da vida e da existência, e foi dessa maneira que descobriu Deus. A seguir, ele começou a dialogar com Deus. Sua experiência pode ser vista como um paradigma de como iniciar um relacionamento com o Divino.

Mais uma vez, pode surgir o problema dos pensamentos estranhos. Uma forma de tentar solucionar esse problema é falar com Deus em voz alta, e não apenas pela mente, ou seja, falar com Deus oralmente.

O uso da conversação oral como técnica meditativa é uma antiga prática judaica, documentada em inúmeros textos importantes. Em especial, foi uma técnica enfatizada pelo rabi Nachman de Bratslav, como veremos no Capítulo 10. Há três aspectos importantes a salientar quanto ao tipo de meditação descrito anteriormente:

1. É um tipo de meditação verbal: envolve palavras no pensamento ou no discurso, e não imagens.
2. É direcionada do interior: toda a forma da meditação provém do interior da pessoa, ela não é determinada a partir de um estímulo externo.
3. É não estruturada: quando a pessoa se senta para meditar, ela não tem uma noção preconcebida da direção que a meditação vai tomar.

Algumas pessoas consideram a meditação não estruturada muito solta. Para conferir estrutura à meditação, pode-se redigir uma agenda. A pessoa pode decidir que todos os dias, durante determinado período de tempo, uma semana, digamos, vai meditar sobre um tema específico; a seguir, passaria para um segundo tema na semana consecutiva. Assim, se está meditando sobre como reorganizar a vida, ela poderá decidir-se a passar uma semana meditando sobre o relacionamento com o cônjuge, uma segunda semana meditando sobre o relacionamento com os filhos e, depois, duas semanas meditando sobre sua vida profissional.

Tão logo se estabeleça uma agenda da meditação, ela se torna uma meditação estruturada. Naturalmente, uma meditação pode ter uma estrutura solta ou rígida; novamente, isso depende do que se deseja alcançar. A meditação agendada é uma prática aconselhada pelas escolas tradicionais (*Mussár*) do judaísmo. Essa forma de meditação é especialmente eficaz quando se deseja aperfeiçoar os hábitos ou o modo de vida de maneira geral. Outra forma de acrescentar estrutura à meditação é pelo uso de um versículo bíblico como objeto de meditação. Os versículos podem ser escolhidos na Bíblia ao acaso, ou podem-se procurar aqueles que se aplicam ao tema do interesse meditativo. É possível fazer que toda a sessão meditativa, por um dia, uma semana ou um mês, gire em torno daquele versículo. O objetivo ainda seria o de reorganizar a vida, mas com a tentativa de fazê-lo no contexto daquele versículo bíblico, que também poderia ser o fundamento de uma conversa com Deus.

Esse método de meditação, baseado em um versículo e conhecido como *guerushin*, foi usado pelos místicos de Safed no século XVI. Embora tenha sido usado intensamente, os textos fornecem sobre ele poucos detalhes, e parecem existir inúmeros métodos.

A maneira mais simples de usar um versículo como meditação seria lê-lo antes, talvez memorizando-o, e, a seguir, usá-lo como ponto de partida para a meditação não estruturada. O meditante começa meditando sobre o versículo e, então, prossegue direcionando a mente para o tema sobre o qual deseja meditar. O curso da meditação poderia conduzir o meditante para muito além do versículo original; este teria servido como mero enfoque inicial da meditação, não como o seu tema integral. Esse meio de meditação também é discutido na literatura judaica.

Outro meio seria escrever o versículo em um papel. Durante o curso da meditação, ele poderia ser relido, direcionando-se a mente de volta a ele, de quando em quando. Esse enfoque é particularmente eficaz quando se deseja aplicar o versículo a um problema específico da vida; dessa maneira, ele se torna parte integrante da meditação.

Casualmente, pode ser que a pessoa deseje fazer do versículo o tema integral da meditação. Em certo sentido, a meditação se tornaria uma conversa com o versículo bíblico. A pessoa estaria pensando sobre ele, examinando-o de diversas maneiras, buscando as diferentes possibilidades de interpretação e tentando aplicá-lo aos problemas específicos da vida. Se o versículo contém uma lição prática, será necessário usar uma série de sessões meditativas para integrá-lo à personalidade do meditante. Embora tenhamos usado um versículo bíblico como exemplo, qualquer afirmação ou ensinamento poderia ser usado como base para uma meditação desse tipo. Para simplificar a nossa discussão, porém, continuaremos a falar sobre o versículo bíblico.

O versículo pode ser usado tanto visual como verbalmente.

Se usado visualmente, é necessário escrevê-lo em um papel e usá-lo como ponto focal. Fixe o olhar sobre ele, sem desviar os olhos. O versículo deve se tornar o centro da atenção, à exclusão de tudo o mais. Seria como se nada mais no mundo existisse, além do versículo. Fixando o olhar sobre ele, deixe, então, que os pensamentos fluam livremente. Em um nível mais avançado, usa-se esse método para limpar a mente de todo pensamento além do versículo.

Esse método é conhecido como contemplação visual. O uso de um versículo é apenas um meio de realizar essa meditação. O tema da contemplação também pode ser a chama de uma vela, uma flor, um quadro, uma pedrinha, ou qualquer outro objeto.

Como essa prática requer o uso de algo externo à mente como objeto da meditação, ela é chamada de meditação dirigida para fora. Por sua vez, ela pode ser estruturada ou não estruturada.

A maneira mais simples de fazer essa meditação seria fixar o olhar em um objeto e deixar que os pensamentos fluam livremente. Seria uma meditação não estruturada. Contudo, se o método for usado para preencher a mente por inteiro, banindo-se todos os outros pensamentos, isso, em si, estaria impondo uma estrutura à meditação, que passaria a ser uma meditação estruturada.

Na contemplação de um objeto, olha-se para ele, prestando extrema atenção em todos os detalhes. Continuando com o olhar fixo, mesmo os mínimos detalhes se tornam importantes. A pessoa olha cada vez com mais profundidade para o objeto, tentando ver sua essência interna e eliminando todos os outros pensamentos da mente. Além da essência interior, pode-se tentar ver o Divino no objeto e usá-lo como um trampolim para chegar a Deus.

Em vez de fixar o olhar no versículo escrito, pode-se repeti-lo seguidamente, durante todo o período da meditação. Seria uma meditação verbal, em oposição à contemplação visual. Novamente, nesse caso, a meditação pode ser não estruturada quando a mente tem a liberdade de vagar por onde o versículo a levar. Alternativamente, ela seria estruturada quando qualquer pensamento diferente das palavras do versículo fosse removido da mente.

Naturalmente, o tema de meditação não precisa ser um versículo bíblico. Qualquer sentença, palavra ou frase pode servir. Como veremos, o grande líder chassídico rabi Nachman de Bratslav (hoje Wroclaw – Polônia) prescrevia o uso da expressão "Senhor do Universo" como instrumento meditativo.

Nas tradições orientais, a frase repetida é conhecida como mantra, e a meditação que usa uma frase é chamada de meditação mântrica. Um dos exemplos mais conhecidos de sistema baseado em meditação mântrica é a meditação transcendental. Como não há um termo hebraico equivalente para esse tipo de meditação, usarei o termo "mantra" quando necessário.

Existem, pois, três formas de classificação das meditações mencionadas anteriormente. São elas: visual ou verbal, estruturada ou não estruturada, dirigida para dentro ou para fora.

A meditação dirigida para dentro e não estruturada é a mais valiosa como instrumento de exame da própria vida ou de descoberta do sentido da vida. A meditação estruturada dirigida para fora é mais usada para focalizar a mente e os processos mentais ou para alcançar uma experiência transcendental.

Embora a maior parte dos métodos meditativos seja visual ou verbal, outras faculdades podem servir de foco da meditação. Assim, em vez de meditar sobre um objeto ou versículo, pode-se meditar sobre um som, como o canto do grilo, o rumor de uma cachoeira ou uma nota musical tocada repetidamente. A pessoa estaria usando o sentido da audição para direcionar a meditação, ainda que seja uma meditação não verbal.

De forma similar, a meditação poderia envolver o sentido do olfato. Na realidade, há bênçãos judaicas ditas sobre ervas aromáticas que, na prática, podem fazer do prazer de uma fragrância uma experiência meditativa. As orações antes das refeições podem se transformar em uma experiência meditativa, pela sensação do paladar e pela ingestão do alimento. O sentido do tato, da mesma forma, pode ser o foco de uma experiência meditativa.

Também é possível usar o sentido cinestético como objeto da meditação. Consistiria este na meditação sobre um movimento corporal ou uma série de movimentos. Trata-se de um método usado pelos sufis em suas danças meditativas. Os *chassidím* (plural de *chassíd*, N.T.) costumam usar essa forma de meditação dançando com movimentos lentos e oscilantes.

Qualquer ação meditativa pode ser encarada como usando o sentido cinestético, mesmo havendo participação de outros sentidos. O principal é concentrar-se no movimento e elevá-lo à expressão de adoração do Divino, o que pode incluir, também, ações cotidianas, como por exemplo lavar louça.

No judaísmo, a ação meditativa é mais importante quando conectada à prática dos mandamentos e dos rituais. Muitos judeus, bem como não judeus, consideram os preceitos ações rotineiras, ritualísticas. Inúmeras fontes judaicas, porém, falam dos mandamentos como instrumentos de meditação, capazes de levar a pessoa a um alto nível de consciência de Deus. Quando os mandamentos são vistos sob essa luz, assumem uma grande importância espiritual.

Um último foco da meditação residiria nas emoções. Por exemplo, o meditante poderia focalizar a emoção do amor exatamente como o faria em relação a uma flor ou à chama de uma vela. Refletiria sobre o amor que sente por outra pessoa, acentuando a emoção, vivenciando-a de forma total, sem interferência externa. Esse amor intensificado pode ainda ser direcionado para Deus ou para outro ser humano. Os mandamentos "Amarás o Senhor teu Deus com todo o teu coração, com toda a tua alma e com todas as tuas forças" (Dt. 6:5) e "Amarás o teu próximo como a ti mesmo" (Lv. 19:18) estão, na realidade, comandando uma meditação desse tipo. Dirigir a própria mente para amar a Deus e a outro ser humano faz que a vida adquira um enfoque totalmente novo.

O controle das emoções é, em geral, um elemento muito importante para o autocontrole. O conceito de autocontrole, para muitos, evoca a imagem de um estilo de vida isento de emoções, estéril, rígido. Porém, a pessoa com controle integral sobre suas emoções pode evocar qualquer emoção que deseja, sendo livre para ampliá-la segundo sua vontade. Mais do que ser controlado por emoções como amor, anseios ou temores, ela pode controlá-las. É possível evocar essas emoções e combiná-las, pintando cada aspecto da vida com uma rica gama de sentimentos. O controle das emoções, dessa maneira, é capaz de levar a pessoa a experimentar uma mistura de sentimentos muito mais rica na sua vida diária, em comparação com as vivências da pessoa comum.

Os tipos finais de meditação não usam nenhum dispositivo, porém envolvem o controle direto do pensamento. São, em geral, considerados as formas mais avançadas de meditação.

Uma dessas técnicas envolve o exercício mencionado no Capítulo 1, em que somos convidados a tentar parar de pensar por determinado período de tempo. Para a maioria das pessoas, isso é impossível, sendo, pois, uma excelente demonstração de que a mente não está inteiramente sob o controle da vontade. Decorridos uns poucos segundos na tentativa de não pensar, os pensamentos começam a penetrar sorrateiros na mente e, depois de um curto período de tempo, eles em geral retornam como uma boa correnteza.

Como muitas outras práticas, essa também pode ser desenvolvida. Se uma pessoa pratica a interrupção do fluxo dos pensamentos, poderá aprender a fazê-lo por períodos cada vez mais longos e acabará aprendendo a ativar e desativar o processo de pensamento à sua inteira vontade. Embora pareça fácil, isso requer anos de prática intensa, até o domínio dessa capacidade.

Como esse tipo de meditação não usa nada como foco, é também chamado de meditação não dirigida. Nas suas formas mais avançadas, chega a focalizar o "não pensamento" ou o Nada. Essa forma de meditação pode ser perigosa e não deve ser experimentada sem um guia ou mestre com prática.

Muitos dos métodos que vamos discutir neste livro, porém, são diretos e seguros, se praticados adequadamente. São, ainda, fáceis de aprender e capazes de conduzir o meditante a uma consciência ampliada, assim como a estados de consciência mais elevados.

CAPÍTULO 4

ESTADOS DE
CONSCIÊNCIA

MUITAS DISCUSSÕES SOBRE A MEDITAÇÃO falam dos estados de consciência mais elevados atingidos por essa prática. Para os iniciados, esses estados de consciência são familiares, porém para os demais são extremamente difíceis até mesmo de imaginar. Muito já se escreveu sobre os estados elevados de consciência, porém essa discussão conclui, quase sempre, que eles são indescritíveis e inefáveis.

Há uma razão importante pela qual essas experiências são indescritíveis. No caso de fenômenos objetivos, externos, um grupo de pessoas pode concordar sobre as palavras para descrevê-los. Assim é construída a linguagem, em geral. Duas pessoas olham para uma rosa e concordam que ela é vermelha. Como ambas estão vendo a mesma rosa, ambas têm a experiência comum daquilo de que falam.

Contudo, quando as pessoas tentam discutir experiências pessoais relativas a estados elevados de consciência, falam de experiências inteiramente internas. Não tenho como saber o que se passa em sua mente, por isso, mesmo que você o tente descrever, não tenho como ter certeza do que você estará querendo dizer. Ademais, como as experiências são internas e individuais, é difícil para as pessoas encontrar um terreno comum onde desenvolver um vocabulário descritivo. O vocabulário baseia-se em experiências compartilhadas e, por definição, as experiências internas são difíceis, se não impossíveis, de compartilhar.

Vamos supor, por exemplo, que durante um estado meditativo eu tenha visto uma cor sem contrapartida no mundo externo. Suponhamos que ela fosse totalmente diferente de qualquer outra cor e impossível de descrever em termos daquelas já existentes. Como eu poderia descrever essa cor? Não existiriam palavras no vocabulário humano para fazê-lo. O mesmo ocorre com muitas experiências meditativas. Esse fato torna extremamente difícil o desenvolvimento de uma epistemologia dos estados meditativos. Acaba-se por tentar descrever experiências para as quais não existe uma linguagem.

Tudo isso é verdade, mas como uma das principais metas da meditação é alcançar estados de consciência mais elevados devemos ter, no mínimo, alguma ideia do que isso quer dizer. O problema é que os estados elevados de consciência não são apenas difíceis de descrever; eles também são difíceis de definir. Parece não haver nenhuma epistemologia objetiva por meio da qual se possa saber, com certeza, que alguém está em um estado de consciência diferente do estado desperto do dia a dia. Contudo, com base em experiências subjetivas e informações transmitidas, é possível chegarmos a certa compreensão acerca desses estados de consciência.

Os dois estados de consciência mais conhecidos são o da vigília e o do sono. Trata-se de estados de consciência universalmente reconhecidos.

Além deles, sabemos que, por vezes, sentimo-nos sonolentos e, em outros momentos, estamos particularmente alertas. Isso demonstra que há níveis diferentes no estado desperto da consciência. As experiências de medição das ondas cerebrais também indicam que existem diferentes tipos de atividade cerebral no estado desperto. As evidências fornecidas pelas experiências laboratoriais com o sono também indicam que há, pelo menos, dois estados de consciência no sono, o primeiro sendo o estado vazio de sonhos; e o segundo, o estado do sonho, em que é observado o movimento ocular rápido (REM).

Algumas drogas exercem efeitos sobre o estado de consciência. A mais conhecida é o álcool, em que o efeito geral é a diminuição da lucidez, embora, por remover as inibições, ele também leve a uma consciência ampliada em algumas áreas. Outras drogas mais potentes, como o LSD e a mescalina, parecem aumentar a capacidade de focalização de sensações específicas, como a beleza, a cor, a forma, e afins. Uma discussão completa dos estados de consciência induzidos pelas drogas está além do escopo deste livro, onde nos deteremos para explorar apenas os estados de consciência autoinduzidos.

Lembro-me de que, quando estava na *Yeshiváh*, alguns amigos e eu decidimos fazer uma competição para ver quem memorizaria o maior número de páginas do Talmude. Para mim, foi uma experiência interessante. A primeira página implicou esforço e tempo consideráveis, várias horas, talvez. À medida que continuei, a memorização de cada página foi se tornando progressivamente mais fácil. Após cerca de dez páginas, descobri que poderia memorizar uma página depois de três ou quatro leituras. Quando alcancei a vigésima página, já conseguia memorizar uma página com uma única leitura. O que, a princípio, fora de extrema dificuldade tornara-se relativamente fácil. Meus amigos relataram a mesma impressão.

Todos sabem que a memória é uma faculdade que pode ser treinada. As pessoas que regularmente memorizam grandes quantidades de informações descobrem-se capazes de fazê-lo com facilidade. Atores profissionais, por exemplo, conseguem decorar o texto de uma peça ou filme com uma ou duas leituras. O mesmo ocorre com músicos profissionais, capazes de memorizar partituras quase que de imediato.

O interessante, do ponto de vista subjetivo, foi não me parecer ter sido a memória o que havia melhorado. Ao contrário, parecia que, quando olhava para uma página, eu a olhava de forma diferente. Era como se minha memória estivesse totalmente aberta e o material penetrasse diretamente nela. Como se normalmente houvesse uma barreira entre a percepção e a memória, e esta fosse removida.

É lógico que isso faz sentido. Se nos lembrássemos de tudo que vimos ou aprendemos, nossa memória ficaria rapidamente lotada de informações inúteis. Assim, a mente possui um tipo de filtro que impede as informações não desejadas de ficar armazenada na memória. O problema é que o filtro às vezes atua quando não se deseja – quando, por exemplo, desejamos memorizar alguma coisa. Com o treinamento, porém, pode-se aprender a remover esse filtro segundo a nossa vontade.

O ponto que nos interessa é que, quando se treina a mente para decorar algo, a consciência, ao ler o material a ser memorizado, é completamente diferente. Pode-se dizer que, naquele momento, a pessoa irá entrar em um estado de consciência diferente.

Passemos a outro exemplo. Na época em que estudei física nuclear, tive de apresentar um trabalho a respeito de um problema matemático extremamente difícil. Envolvi-me totalmente no problema e trabalhei nele por cerca de 72 horas sem interrupção. Para solucioná-lo, inventei algumas técnicas e procedimentos matemáticos originais. Mas o estranho foi que, dois anos mais tarde, quando li o texto final, achei praticamente impossível compreender o raciocínio matemático. Era difícil acreditar que eu havia criado aquela estrutura matemática.

Qualquer um que tenha trabalhado em um problema difícil, particularmente em matemática ou ciência, sabe que, em determinado momento, a mente parece ficar completamente fixada no problema. Nesse ponto, solucioná-lo se torna a coisa mais importante do mundo, e cada fibra do ser se concentra na busca de uma solução. Subjetivamente falando, sei que, quando em um estado de completa fixação, consigo realizar coisas impossíveis de ser feitas em outras circunstâncias.

Num dos meus cursos avançados de física, defrontei-me com um problema de matemática muito difícil em um teste. Trabalhei nele certo período e, por fim, descobrindo que não conseguia progredir, passei para o problema seguinte. Felizmente, era um teste em que bastava responder a três das cinco questões. Vários meses depois, quando trabalhava em outro *paper*, no curso de meus cálculos me vi frente a frente com um problema similar. Dessa vez, porém, fiquei fixado no problema. Para minha grande surpresa, consegui resolver o mesmo problema, que me deixara perplexo no teste, literalmente em poucos segundos. Parecia a coisa mais simples do mundo, e de fato era, pois no curso dos meus estudos eu estava, regularmente, solucionando problemas muito mais complexos e difíceis.

Eu uso a expressão "fixado", ou "mergulhado", porque se trata de uma sensação subjetiva que se tem nesse tipo de resolução de problemas que estou descrevendo. Quando se está completamente mergulhado no problema, surge uma alegria imensa, quase sensual, na possibilidade de solucioná-lo. É possível ficar sem comer e sem dormir, afastar todo o cansaço, até que o problema seja resolvido. Além disso, parece que se pode apelar para recursos intelectuais que, em geral, nem imaginávamos possuir.

Estar completamente mergulhado em um problema também leva a pessoa a um estado de consciência diferente do normal. Uma parcela muito maior da mente parece se envolver na resolução do problema, em comparação com o estado mental normal. Esse estado de consciência pode ser considerado uma "condição mental de resolução de problemas". Lembro-me, também, de um período em que eu pintava. Eu acabara de aprender a usar a tinta acrílica e descobrira que poderia realizar um trabalho razoavelmente decente. Sempre que me envolvia com um quadro, sentia-me também completamente "mergulhado" no projeto. Para mim, era muito difícil largá-lo. Mais uma vez, consegui criar pinturas surpreendentes até mesmo para mim. Parecia que, quando estava criando, eu mergulhava em um estado de consciência mais elevado. Subjetivamente, eu não apenas sentia uma consciência maior ou um estado de alerta mais intenso, como também sentia que estava pensando de um modo totalmente diferente.

A diferença entre a inteligência comum e a genialidade pode não ser uma questão de capacidade inata, mas da habilidade de "mergulhar" no trabalho em questão e passar para um estado de consciência maior. As pessoas comuns consideram os feitos do gênio acima de suas possibilidades, mas isso pode não ser verdade, já que o próprio criador se surpreende com o que acaba produzindo em um estado de consciência no qual ele se encontra totalmente mergulhado no problema. O grau de criatividade que se tem, seja na arte, seja na tarefa de solução de problemas, pode alcançar várias magnitudes acima do normal quando nesse estado de "mergulho". Talvez seja esse o segredo do gênio, a capacidade de mergulhar nos problemas ou no trabalho criativo em níveis muito mais profundos que aqueles atingidos pelas pessoas comuns.

Esse estado da consciência parece estar associado a uma energia física também aumentada. O pulso bate mais rápido, sua-se muito. Há, inclusive, quem tenha a experiência de "tremer de criatividade". Parece que, nesse estado, a energia utilizada é muito maior do que a normal, e tanto a mente como o corpo se envolvem completamente no esforço criativo.

No entanto, parece que há outro tipo de consciência dita "de resolução de problemas". A primeira vez que tomei consciência dela foi quando, durante uma pesquisa cabalística, tentei imaginar as propriedades de um hipercubo de cinco dimensões. O problema era extremamente difícil porque envolvia a tentativa de visualizar o que aconteceria quando o hipercubo girasse pelo espaço de cinco dimensões. Eu passara várias tardes debruçado sobre o problema, sem sequer chegar perto de uma solução.

Então, uma noite, enquanto relaxava na banheira, minha mente vagava pelo problema, quase que sem pensar. De repente, todos os aspectos dele me pareceram perfeitamente claros, e as relações, que até então eram de uma complexidade impossível, tornaram-se, naquele momento, fáceis de visualizar e compreender. Quando saí da banheira, o problema estava totalmente resolvido.

Comecei então a me dar conta de que isso me acontecia com frequência. O tempo decorrido na banheira era excelente para solucionar os mais difíceis problemas. Tratava-se, porém, de uma experiência muito diferente daquela de fixar-se – ou "mergulhar" – em um problema. A mente ficava livre para vagar por onde desejasse, mas parecia alcançar as respostas certas com uma clareza surpreendente.

Parece que a mente funciona de duas formas, nas quais possui uma capacidade fora do normal para resolver problemas. Uma delas é o "mergulho", quando a energia, tanto da mente como do corpo, é aumentada. A outra é quando a pessoa está completamente relaxada, e a mente flutua em direção ao problema por conta própria.

Considero o "mergulho" uma forma de pensamento "quente", e o relaxamento uma forma de pensamento "frio". Em ambos os casos, a capacidade de solução de problemas é tremendamente expandida. Na concentração quente, o corpo todo entra em ação e, com isso, a adrenalina flui. Na concentração fria, corpo e mente estão aquietados tanto quanto possível, de forma que a mente consegue enfocar o problema como um raio *laser*.

MEDITAÇÃO JUDAICA ■ 45

Esses dois exemplos podem parecer muito afastados da discussão usual sobre os estados de consciência mais elevados associados à meditação. Contudo, relacionam-se com eles de maneira importante.

Em primeiro lugar, há modos intelectuais de meditação. Em algumas tradições, eles estão associados à "senda do intelecto". Alguns tipos de meditação parecem ser concebidos para produzir precisamente os estados de consciência em que a capacidade de solucionar problemas é aumentada.

Há também um relacionamento direto com as formas mais conhecidas de meditação. A meditação mântrica, que consiste na repetição de uma palavra ou frase seguidamente, é tida como deflagradora da "resposta de relaxamento". Muitos psicólogos clínicos usam esse tipo de meditação para induzir o relaxamento em seus pacientes. Na realidade, um tipo de meditação mântrica conhecida como Meditação Clínica Padronizada (*Standardized Clinical Meditation* – SCM) foi concebida primeiramente como instrumento terapêutico, destituído de qualquer elemento místico.

Embora essa técnica pareça relaxar o corpo, ela também aumenta a atividade mental. A meditação mântrica pode ser usada para relaxar o corpo e conduzir a mente a um estado de "concentração fria". Quando a pessoa se encontra nesse estado, o controle que ela exerce sobre os processos mentais parece aumentar, o que é demonstrado por uma experiência bastante simples:

Sente-se em uma cadeira. Suas costas devem ficar eretas, pois, se ficar curvado ou em uma posição relaxada, decorridos alguns momentos você começará a sentir câimbras. Essa experiência deve ser feita numa ocasião em que você saiba que não será perturbado nem interrompido.

Comece por relaxar completamente. A seguir, feche os olhos. Inicialmente, você verá luzes e imagens piscando no olho da mente. Após um ou dois minutos, esses *flashes* começarão a fundir-se e a adquirir a forma de um caleidoscópio, como já foi mencionado anteriormente. À medida que se relaxa, as imagens começam a se alterar de forma cada vez mais lenta, até ficarem retidas no olho da mente o tempo suficiente para focalizá-las.

Concentre-se nas imagens, simplesmente. Se outros pensamentos entrarem na mente, afaste-os delicadamente. Tente manter a concentração nas formas que surgem no olho da mente, e em nada mais. Gradualmente, você descobrirá que pode reter uma imagem por algum tempo.

As primeiras vezes em que o fizer, tente relaxar e concentrar-se nas imagens do olho da mente, sem fazer mais nada. Cada sessão deverá durar de vinte a trinta minutos. Aos poucos, a capacidade de reter as imagens e focalizá-las aumentará.

Uma vez alcançado esse estágio, o meditante estará pronto a demonstrar a si mesmo os efeitos da meditação mântrica. Como se trata apenas de uma experiência e não de uma prática de longo prazo, nesse ponto não importa o que será utilizado como mantra. Este poderá ser uma frase sem sentido, o verso favorito de um poema, uma frase da Bíblia ou qualquer outra expressão. Algumas pessoas acham fácil começar repetindo a frase "Meu nome é..." Caso se deseje uma experiência mais espiritual, pode-se usar o mantra do rabino Nachman, "Senhor do Universo", ou seu equivalente em hebraico (veja o Capítulo 5).

Confortavelmente sentado, apenas repita o mantra experimental seguidamente. Nesse ponto, não importa de que maneira você o repete. Você poderá desejar cantá-lo lentamente, sussurrá-lo, ou apenas mover os lábios, sem pronunciar as palavras em voz alta. A frase deve ser proferida lenta e seguidamente durante toda a sessão. Decorrido algum tempo, você começará a se sentir bastante relaxado e, ao mesmo tempo, muito alerta.

Agora, ao repetir o mantra, atente para as imagens que se formam no olho da mente. Conforme a mente se aquieta, as imagens tornam-se cada vez mais vívidas, sendo possível retê-las na mente por períodos cada vez mais longos. As imagens podem se tornar espetaculares, lindas, às vezes a ponto de deixar você sem fôlego.

As imagens formadas no olho da mente constituem um dos poucos indicadores objetivos do estado meditativo. O meditante sabe que está em estado meditativo quando a imagem do olho da mente começa a assumir uma forma mais substancial e permanente. Embora a formação de imagens não seja a única manifestação dos estados mais elevados de consciência, ela é um indicador importante e fácil de descrever objetivamente. Outros indicadores são também as manifestações do controle sobre o processo mental, como a visualização.

Já que o processo está sendo realizado como um experimento, é aconselhável não ir longe demais nessa direção sem um planejamento cuidadoso do curso da meditação. A experiência mostra, porém, que nos estados elevados de consciência a capacidade de formar imagens mentais e concentrar-se nelas é muitíssimo aumentada.

Progredindo na meditação e aprendendo a se concentrar, processo que pode levar semanas ou meses, a pessoa pode aprender a controlar as imagens vistas no olho da mente. Nesse ponto, pode-se evocar uma imagem e retê-la no campo da visão por tanto tempo quanto se deseja. Como veremos, só isso, em si, pode se tornar uma forma de meditação.

Já discutimos as imagens aleatórias que aparecem no olho da mente, e falamos delas como uma espécie de estática produzida pelo cérebro. Embora essa estática seja mais facilmente vista com os olhos fechados, ela também existe quando estamos olhando para as coisas; nesse momento, essa estática tende a obscurecer nossa percepção. Assim, quando olhamos para uma rosa, a experiência relativa à sua beleza é diminuída pela estática.

Quando uma pessoa aprende a reter uma imagem na mente, porém, também consegue controlar a estática mental. Poderá então ver as coisas sem ser perturbada pelas imagens autogeradas

48 ■ ARYEH KAPLAN

pelo cérebro. Esse fato adquire um significado especial na apreciação da beleza. Se uma pessoa "desativa" a estática da mente e olha, então, para a rosa, a imagem no olho da mente conterá tão somente a rosa. Como, nesse ponto, ela estará olhando para a rosa sem qualquer estática, a beleza da flor é ampliada inúmeras vezes. Essa é uma razão pela qual muitas pessoas relatam uma percepção aumentada da beleza quando no estado meditativo. Na realidade, muitas pessoas aprendem a meditar principalmente para vivenciar as novas experiências estéticas que podem ser encontradas nesses estados.

Uma vez que a pessoa aprenda a controlar as visões no olho da mente, ela pode progredir para visualizações muito mais avançadas. Os estágios mais simples da visualização são diretos; evoca-se a imagem de figuras, letras, objetos ou cenas. O que se vê então não é muito diferente do que é visto pela visão normal. Contudo, para fazer que as imagens no olho da mente pareçam tão sólidas e reais como as imagens vivas, é preciso um treinamento considerável. Ao adquirir mais experiência, as imagens poderão parecer mais reais do que as vistas com os olhos abertos.

Quanto mais se avança no controle da mente, maior o controle sobre o que se pode ver no olho da mente. A pessoa que se torna perita em visualização será capaz de ver coisas com o olho da mente que jamais veria com os olhos físicos. A partir de descrições da Cabala e de outras obras místicas, parece que muitas experiências encontradas nos estados elevados de consciência pertencem a essa categoria.

Assim, por exemplo, o *Zôhar* fala da "lâmpada que escurece", referindo-se a uma escuridão que se irradia. Da mesma forma, nas fontes talmúdicas, há referências ao "fogo negro". Há um ensinamento segundo o qual a primeira Torá foi originalmente escrita "com fogo negro sobre fogo branco". Trata-se de algo que não podemos ver com a visão comum e, na realidade, é impossível

MEDITAÇÃO JUDAICA ■ 49

produzir tal imagem em um estado de consciência normal. Costumamos ver as cores radiantes, não o negro ou a escuridão. No olho da mente, porém, é possível visualizar uma lâmpada irradiando escuridão. Seria como uma imagem negativa da lâmpada que irradia luz. Tal como ao olhar para a luz estamos conscientes de que a energia está sendo irradiada, quando olhamos para a "lâmpada de escuridão" estamos conscientes da energia negativa sendo irradiada. Quando uma pessoa aprende a controlar a experiência de visualização, a energia negativa torna-se algo simples de visualizar.

Também é possível que uma pessoa intensifique a percepção da beleza em uma imagem no olho da mente. Isso vai além da percepção aumentada que discutimos anteriormente, em que se remove a estática e se concentra toda a mente em um objeto belo. Aqui, na verdade, o meditante estaria girando para a frente o "botão" da beleza na mente, a fim de torná-la particularmente sensível para apreciar a beleza. A imagem que então se vê no olho da mente pode parecer milhares de vezes mais bonita que a imagem vista com os olhos físicos, posto que se está intencionalmente amplificando a sensação de beleza.

Isso é importante, pois a Beleza (*Tiféret*) é uma das dez *Sefirót* discutidas na Cabala. As dez *Sefirót* são Vontade (*Kéter*), Sabedoria (*Chochmáh*), Compreensão (*Bináh*), Amor (*Chéssed*), Força ou Poder (*Guevuráh*), Beleza (*Tiféret*), Vitória ou Eternidade (*Nétsach*), Glória (*Hod*), Sexualidade ou Fundamento (*Yessód*) e Receptividade ou Reino (*Malchút*). Essas *Sefirót* podem ser consideradas "botões" mentais capazes de amplificar as experiências associadas a elas. Assim, como a Beleza é uma das dez *Sefirót*, pode-se girar o respectivo "botão" e amplificar a sensação que lhe é correspondente.

Outro fenômeno importante que se pode experimentar em um estado de consciência elevado e controlado é a visão panoscópica. Normalmente, quando se olha para um objeto sólido, vê-se apenas um de seus lados de cada vez. Da mesma forma, no olho da mente, em geral visualiza-se apenas um lado de cada vez do objeto em questão. Naturalmente, no caso de um objeto real, podemos girá-lo para ver o outro lado, sendo possível fazer o mesmo com o olho da mente. Em um estado de consciência mais elevado, porém, é possível chegar à visão panoscópica por meio da qual, com o olho da mente, olha-se para um objeto vendo todos os seus lados ao mesmo tempo.

Quando se olha para a América representada num globo terrestre, por exemplo, não é possível ver a Ásia, já que ela se encontra do lado oposto do globo. Contudo, em estados de consciência mais elevados, é possível visualizar o globo e ver a América e a Ásia simultaneamente. É impossível descrever essa sensação à pessoa que jamais a experimentou. Alguns artistas modernos, como Picasso, parecem ter tido esse tipo de experiência, conseguindo retratá-la na tela.

A mente humana normalmente visualiza um objeto apenas de um lado porque é desse modo que vemos as coisas com os olhos. Deve-se isso tão somente ao hábito que vem da infância. Quando se aprende a controlar os processos mentais, pode-se desativar esse hábito e visualizar as coisas sob perspectivas totalmente diferentes. A visão panoscópica é um exemplo desse fenômeno.

Há evidências de que o profeta Ezequiel teve essa experiência na sua famosa visão. Ele descreve certos anjos, conhecidos como *chayót*, como possuindo quatro faces diferentes em quatro lados diferentes: as faces de um homem, de um leão, de um touro e de uma águia. Ainda assim, ele enfatiza que as figuras "não giram enquanto se movem". O que ele estava querendo dizer é que, embora olhasse para as *chayót* de um lado apenas e elas não girassem, ele conseguia ver todas as suas faces ao mesmo tempo.

Mais espetacular ainda é o fato de que, em um estado avançado de consciência, é possível visualizar mais do que as três dimensões comuns. Naturalmente, com nossos olhos físicos, jamais vemos mais do que o mundo de três dimensões em torno de nós. Contudo, nos estados meditativos mais elevados, é possível visualizar quatro e, por vezes, até cinco dimensões. Há evidências de que o *Sêfer Yetsiráh* (Livro da Criação) contém exercícios meditativos que permitem essas visualizações.

A sinestesia é outro fenômeno importante observado nos estados elevados de consciência. Os sentidos humanos tendem a se compartimentar, de forma que diferentes partes da mente lidam com sentidos diferentes; uma parte da mente cuida da visão, enquanto outra cuida da audição. No estado normal da consciência, não vemos os sons nem ouvimos as cores.

Nos estados elevados de consciência, porém, as barreiras entre os sentidos diminuem. Nesses estados, o sentido da visão pode ser usado para perceber sons. Da mesma forma, podem-se ouvir cores, ver odores e sentir imagens. Essa é a experiência da sinestesia, que significa "mistura dos sentidos".

Mesmo no estado normal de consciência, em um nível etéreo, pode-se ter uma vaga sensação de que um som ou melodia têm uma textura ou cor específica. Isso ocorre porque as barreiras entre os sentidos jamais são absolutas. Nos estados elevados de consciência, contudo, a intensidade dessa vivência pode se tornar muito grande. A pessoa poderá, por exemplo, ver uma música como um padrão visual complexo. Não estou dizendo que a música seja associada ao padrão, mas que ela é o padrão. É uma sensação muito estranha, impossível de descrever a quem jamais a experimentou.

Há evidências talmúdicas de que a sinestesia foi associada ao estado místico da revelação. Quando os Dez Mandamentos foram dados, a Torá descreveu a experiência das pessoas da seguinte maneira: "Todo o povo, vendo os trovões e os relâmpagos, o som da trombeta e a montanha fumegante, temeu e quedou-se a distância" (Ex. 20:18). Uma antiga fonte talmúdica diz que "eles viram o que normalmente é ouvido e ouviram o que normalmente é visto". Trata-se de um claro exemplo de sinestesia.

Outro fenômeno que pode ser visualizado em um estado meditativo elevado é o Nada. Quando pensamos na ideia de nada, pensamos nela como uma simples escuridão, um vácuo, ou o vazio do espaço exterior. Isso, porém, ainda não é o verdadeiro Nada. A escuridão ou o espaço não podem ser o Nada, posto que "escuridão" e "espaço" são coisas em si mesmas. O Nada deve ser a ausência de tudo, inclusive da escuridão e do espaço vazio.

Para saber como é o Nada, simplesmente se concentre naquilo que você vê atrás da própria cabeça. (Em alguns sistemas, o foco se dirige para o que se vê dentro da cabeça.) Obviamente, você não poderá ver nada atrás da cabeça. O Nada é precisamente isto – o que você vê atrás da cabeça. Assim, se você desejar saber como é realmente o Nada, concentre-se no que você vê atrás da cabeça.

Se você quiser visualizar o Nada em um estado meditativo, tome essa percepção do Nada e conduza-a ao olho da mente. No estado normal da consciência, isso seria impossível, mas nos estados elevados, com treino e prática, consegue-se visualizá-lo. Na realidade, trata-se de uma prática importante em diversos sistemas de meditação.

Preencher a mente com o Nada é um meio extremamente eficaz de limpá-la de toda outra percepção. Há algumas experiências que são tão sutis que mesmo a visualização da escuridão ou do espaço vazio poderia obscurecê-las. Mas quando a mente está preenchida com a percepção do Nada ela se abre para as experiências mais diáfanas.

Uma das influências que a mente pode detectar durante a visualização do Nada é a espiritual. Nesse estado, o espiritual pode parecer espetacular, posto que o Nada na mente pode ser preenchido com o que provém de Fora.

É claro que a visualização do Nada é uma técnica muito avançada. O espiritual, porém, pode ser experimentado em ní-

MEDITAÇÃO JUDAICA ■ 53

veis mais simples. Na realidade, parece haver na mente uma área particularmente receptiva à experiência espiritual. Por vezes, sem aviso prévio, uma pessoa pode ter uma experiência espiritual que a enche de temor ou deleite. Uma experiência espiritual mais intensa pode ter um profundo efeito sobre toda a vida da pessoa.

Do mesmo modo que se pode ampliar o sentido da beleza com a meditação, também é possível ampliar o sentido do espiritual. Se parte da mente é particularmente sensível ao espiritual, então, pela meditação, essa sensibilidade pode ser voluntariamente intensificada e ampliada, como resultado do controle mental que se alcança durante a experiência meditativa.

As experiências espirituais intensas são associadas aos estados de consciência experimentados pelos profetas e místicos. Os sentidos são bloqueados, e toda sensação, tanto interna como externa, é eliminada. Nesses estados de consciência, o sentimento do Divino é reforçado e a pessoa experimenta uma intensa sensação de proximidade com Deus. As meditações desse tipo podem levar a pessoa às experiências mais profundas e belas que se podem imaginar.

Nesta altura, convém uma palavra de advertência. As experiências nesses estados de consciência podem ser tão beatíficas que a pessoa talvez não deseje retornar ao estado da consciência normal. É possível que uma pessoa se perca completamente no estado místico, sendo, na verdade, tragada por ele. Assim, antes de explorar esses estados supremos, certifique-se de que você poderá voltar em segurança. Isso é muito parecido com a experiência de pilotar um avião. Levantar voo é maravilhoso mas, antes de subir, será melhor certificar-se de que será possível voltar a aterrissar.

Por essa razão, muitos textos de meditação judaica enfatizam que, antes de mergulhar em níveis mais elevados, a pessoa deve ter um mestre. Assim, se ela vai "para cima" e não sabe como retornar, ou não desejar fazê-lo, o mestre poderá trazê-la de volta.

Outras fontes indicam que os místicos fazem concretamente o voto de retornar ao estado de consciência normal ao final das sessões meditativas. Assim, mesmo que não estejam dispostos a retornar, eles se verão presos pelo seu juramento.

Todos os textos sobre meditação judaica enfatizam que, antes de mergulhar em formas mais avançadas de meditação, a pessoa deve, primeiro, desenvolver uma forte disciplina interna. Isso é muito importante porque os estados de consciência mais elevados são muito sedutores e é possível perder o senso de realidade. Contudo, se a pessoa está no controle de suas ações e emoções de modo geral, também permanecerá no controle do senso de realidade. As experiências meditativas não irão negar a sua vida; ao contrário, irão enriquecê-la.

É nesse contexto que, segundo um dito popular, aqueles que estudam a Cabala enlouquecem. Obviamente, isso não se refere ao estudo acadêmico da Cabala; embora seja uma disciplina de extrema dificuldade intelectual, não é mais perigosa que qualquer outro estudo. Contudo, o envolvimento com formas mais esotéricas de meditação cabalística pode ser perigoso para a saúde mental, especialmente se o meditante agir sem a preparação adequada.

Em certo sentido, é como escalar uma montanha. Mesmo para o alpinista experiente, sempre há um elemento de perigo. Se a pessoa possui uma experiência limitada, não deve pensar em escalar uma montanha difícil sem um guia; fazê-lo seria um convite ao desastre. O mesmo é válido para aquele que tenta formas mais esotéricas de meditação sem o treinamento e a disciplina adequados.

As formas de meditação apresentadas neste livro não são montanhas perigosas. Muito pelo contrário, são colinas suaves, de escalada segura, mas que oferecem ao visitante extensos panoramas.

CAPÍTULO 5

MEDITAÇÃO JUDAICA

NOS CAPÍTULOS ANTERIORES, analisamos a prática da meditação em geral. Para entender a meditação judaica, primeiro temos de ter uma ideia sobre a natureza da meditação de modo mais abrangente. A fenomenologia e a psicologia da meditação judaica e de outras meditações não divergem muito entre si; no entanto, as metas e os resultados revelam-se bem diferentes.

Há vários indícios de que as práticas de meditação foram bastante difundidas entre os judeus no decorrer da sua história. Há referências à prática da meditação nos principais textos judaicos de todos os períodos, desde os tempos bíblicos até a era pré-moderna. No entanto, isso não é algo reconhecido universalmente, e um dos motivos para tal é o fato de que o vocabulário usado na meditação foi em grande parte se perdendo, especialmente no decorrer do século XIX.

Até o surgimento do Iluminismo Judaico, o misticismo e o intelectualismo gozavam do mesmo *status* no judaísmo. No entanto, a meta apresentada pelo Iluminismo era a de elevar o nível intelectual dos judeus e, embora isso pareça um fato positivo, quase sempre esse objetivo foi alcançado em detrimento de outros valores judaicos. Os primeiros valores a serem postos de lado foram o misticismo judaico em geral e a meditação em particular. Tudo que beirasse o místico era taxado de superstição e ocultismo e, portanto, não merecia ser estudado com seriedade.

Até mesmo a Cabala, repleta de misticismo por excelência, foi reduzida a um simples exercício intelectual; seus significados mais profundos foram completamente perdidos. Nos capítulos anteriores analisamos quantos fenômenos experimentados em um estado meditativo não podem ser compreendidos racionalmente. Essa premissa não era reconhecida pelos racionalistas do século XIX, e até mesmo o inefável tornou-se objeto de discussão filosófica.

Por esse e outros motivos, há cerca de 150 anos, todas as referências sobre a meditação simplesmente desapareceram da literatura judaica corrente. Isso é verdade até mesmo quanto à literatura chassídica, em que, inicialmente, a meditação desempenhou um papel central. Devido a essa tendência antimística, mesmo as obras cabalísticas publicadas depois de 1840 sequer mencionavam a palavra "meditação". Após um século de indiferença, até mesmo os significados das palavras-chave foram esquecidos.

Já na literatura mais antiga há inúmeras referências à meditação. Isso é verdadeiro até no caso da Bíblia, embora seja necessária uma espécie de "arqueologia verbal" para descobrir o verdadeiro significado das palavras-chave.

Seja como for, segundo as fontes bíblicas e pós-bíblicas, a meditação parecia ser peça central na experiência profética, experiência essa diretamente relacionada ao estado meditativo. A Bíblia afirma explicitamente que os profetas valiam-se de cânticos e de música para atingir estados de consciência mais elevados. Uma análise filológica cuidadosa de certas palavras-chave da Bíblia sugere que elas se referem a métodos específicos de meditação. Esse assunto formou a base de meu primeiro livro, *Meditation and the Bible*, mas ele foge do escopo do livro atual, uma vez

MEDITAÇÃO JUDAICA ■ 57

que, naquela obra, a discussão girou, basicamente, em torno da análise de palavras hebraicas.

De acordo com a literatura, parece evidente que um profeta quase sempre teria sua primeira experiência profética em um estado meditativo. Mais tarde, ser-lhe-ia possível ter essas experiências proféticas sem a meditação. Às vezes, a profecia surge de forma inesperada, o que provavelmente envolve um fenômeno algumas vezes denominado *flashback*. Depois que uma pessoa consegue alcançar estados mais elevados de consciência por meio da meditação, ela também poderá, ocasionalmente, atingir tais níveis espontaneamente, o que parece ser evidente nas experiências de muitos dentre os profetas.

Há também evidências de que durante o período em que a Bíblia foi escrita (até cerca de 400 a.E.C.) a meditação tenha sido largamente praticada pelo povo israelita. O Talmude e o *Midrásh* declaram, explicitamente, que havia mais de um milhão de pessoas envolvidas em tais práticas. Existiam escolas regulares de meditação, dirigidas por profetas mestres que, por sua vez, eram supervisionados pelos primeiros profetas, aqueles citados na Bíblia. Nessas escolas, as pessoas aprendiam a meditar para se aproximar de Deus; a experiência profética era, por assim dizer, um efeito colateral daquele tipo de meditação.

Uma vez que não profetas poderiam ser meditadores praticantes, eles também poderiam ter visões espontâneas ou passar pela experiência das profecias sem estar meditando de fato. Isso explicaria os relatos bíblicos de pessoas que tinham visões proféticas, apesar de não estarem meditando, tampouco terem passado por experiências proféticas anteriores. Quando uma pessoa medita regularmente, ela pode atingir estados meditativos de consciência de forma espontânea, sem estar meditando, podendo inclusive ter visões.

Todos os dados encontrados na literatura posterior parecem indicar que essas escolas de meditação exigiam uma rígida disciplina e fidelidade a um regime igualmente rígido. As escolas eram por demais exigentes, aceitando apenas aqueles dispostos a oferecer dedicação total. Antes mesmo de ser admitida em uma dessas escolas, a pessoa já deveria estar espiritualmente desenvolvida e controlar completamente todas as suas emoções e sentimentos. Além disso, os ensinamentos da Torá e os mandamentos eram fundamentais para essas escolas, e esses ensinamentos exigiam um grau de autodomínio a que nem todos conseguiam sequer aspirar.

Aparentemente, defrontamo-nos aqui com um dos atrativos da antiga idolatria. Enquanto as escolas de meditação judaicas exigiam disciplina e preparação rígidas, muitas escolas idólatras de misticismo e meditação eram abertas a todos. Podia-se ao menos pensar que se estava tendo uma experiência transcendental, sem precisar ater-se à difícil disciplina da Torá e do judaísmo. A situação daquela época era bastante semelhante à atual, em que parece mais fácil associar-se a grupos de meditação oriental do que seguir a disciplina do judaísmo.

Para aqueles que sempre se sentiram atraídos por assuntos transcendentais, a experiência pode ser infinitamente agradável, muito mais até que o amor ou o sexo. Para muita gente, trata-se de uma experiência com forte apelo erótico. Quando o Talmude fala de "lascívia pela idolatria", pode estar se referindo à atração magnética que essa experiência espiritual exerce sobre as pessoas. Quando não conseguiam obtê-la de fontes israelitas, iam procurá-la nos ritos idólatras.

Enquanto os judeus permaneceram em sua terra natal, a situação se manteve relativamente sob controle. A idolatria pode ter sido uma forte tentação, mas as escolas místicas proféticas eram firmes o suficiente para unir as pessoas e evitar a assimilação. Mesmo quando caíam em tentação, era sempre possível reconduzi-las ao caminho certo. Resumindo, durante todo o Primeiro Estado, a meditação e o misticismo desempenharam um papel central no judaísmo; os líderes espirituais eram os profetas, os indivíduos espiritualmente mais desenvolvidos.

Tudo isso mudou com a Diáspora, que dispersou os judeus pelo mundo. Percebeu-se que, se o povo continuasse envolvido com misticismos proféticos, as tentações que o levavam à idolatria acabariam por afastá-lo da Torá. Grupos isolados e dispersos seriam presa fácil para os falsos mestres e as falsas experiências. Foi então que, nessa época, as formas mais avançadas de meditação deixaram de ser postas ao alcance do povo em geral e passaram a fazer parte de um ensinamento secreto. Agora, apenas os mais qualificados compartilhariam os segredos da alta meditação profética.

Ezequiel, que vivia na Babilônia no início do Exílio, foi um dos últimos grandes profetas. O primeiro capítulo do Livro de Ezequiel é uma das partes mais misteriosas de toda a Bíblia. Nele, o profeta descreve suas visões de anjos e do Trono da Glória com grande riqueza de detalhes. Segundo uma tradição, essa visão continha a chave da meditação profética e, se compreendida, poderia servir de guia para alcançar a profecia. O estudo desse capítulo ficou conhecido como a "Obra da Carruagem" (*Maassêh Merkaváh*). A metodologia estava toda ali, mas, sem a chave, não havia como compreendê-la.

Por volta da reconstrução do Segundo Templo e do estabelecimento do Segundo Estado, a liderança judaica estava completamente a par dos perigos que a meditação da Carruagem representava, caso fosse acessível à população como um todo. Em primeiro lugar, sem professores e mestres adequados, os judeus vivendo na Diáspora poderiam perverter os métodos ou usá-los para fins ilícitos. Isto poderia levar à fragmentação do judaísmo em facções rivais, ou ao estabelecimento de religiões estranhas a ele. O resultado seria a desunião do povo judeu.

Em segundo lugar, como já mencionei anteriormente, a meditação judaica era extremamente difícil, requerendo anos de preparação. Se fosse uma parte aceita do judaísmo, temia-se que os judeus, frustrados diante de suas dificuldades, ficassem tentados a procurar formas não judaicas de meditação, o que, por sua vez, poderia levá-los à idolatria e à assimilação. Durante o Primeiro Estado, quando todos os judeus encontravam-se em sua terra natal, a idolatria já havia sido um problema; na Diáspora havia perigos adicionais que poderiam levar à destruição de toda a nação.

Assim sendo, a liderança judaica tomou uma decisão bastante difícil, pesando os benefícios e os perigos de a população ter acesso aos tipos elevados de meditação. Embora a decisão acarretasse a perda de um grau de espiritualidade da nação, pelo menos sua sobrevivência estaria mais garantida. A decisão, portanto, consistiu em transformar a Obra da Carruagem em uma doutrina secreta, ensinada apenas aos escolhidos. A Grande Assembleia, que representava a primeira liderança judaica no Segundo Estado, decretou: "A Obra da Carruagem deve ser ensinada individualmente, e cada um [dos alunos] deve ser sábio a ponto de compreender a partir de seu próprio conhecimento".

A Grande Assembleia também percebeu que a população de modo geral precisaria praticar algum tipo de meditação. Mas não poderia ser algo solto, desestruturado; deveria ser uma prática com uma estrutura comum a toda a nação, algo que servisse como um meio de unificação do povo. Deveria conter as esperanças e as aspirações da nação como um todo, reforçando a unidade do povo judeu.

A prática meditativa elaborada pela Grande Assembleia resultou na *Amidáh*, uma oração para ser feita de pé, dividida em dezoito partes, que deveria ser repetida em silêncio três vezes ao dia. É bem verdade que, atualmente, a *Amidáh* é encarada mais como uma prece do que como um instrumento de meditação, mas as fontes mais antigas a consideram uma meditação. De fato, o Talmude assevera que essa era a intenção original.

Isso também explica por que a Grande Assembleia determinou que a mesma oração fosse repetida três vezes ao dia. As pessoas costumam queixar-se de que fazer a mesma oração repetidas vezes é monótono, sem inspiração. Para qualquer um familiarizado com a meditação mântrica, no entanto, verifica-se o contrário; isto é, todos os tipos de meditação mântrica envolvem repetição. Nesse tipo de meditação, repete-se uma palavra ou frase, podendo-se repeti-la por semanas, meses e até mesmo anos a fio.

A *Amidáh* deveria ser repetida três vezes ao dia, desde a infância, e as palavras seriam sempre as mesmas pelo resto da vida. Ela podia ser encarada como um longo mantra. Sob vários aspectos, o efeito proporcionado é o mesmo, conduzindo o indivíduo a um nível de consciência meditativa elevada. Para quem quiser conhecer mais detalhes, há uma vasta literatura que descreve como a *Amidáh* pode ser usada dessa maneira. O mais importante, no entanto, são as fortes evidências de que ela foi originariamente elaborada como uma forma comum de meditação para ser utilizada por toda a nação.

Da época talmúdica à Idade Média, muito se escreveu sobre a meditação judaica. Praticamente todos os métodos de meditação de modo geral podem ser encontrados em textos judaicos antigos, bem como métodos encontrados apenas nesses textos. De fato, um estudo comparativo de métodos de meditação aponta o sistema judaico como um dos mais avançados do mundo.

O Talmude discorre exaustivamente sobre meditação e experiências de meditação, referindo-se a elas como a "Obra da Carruagem" ou o "Portão do Paraíso". Há várias historietas sobre sábios talmúdicos, como o rabi Yochanán ben Zakái e o rabi Akiva, envolvidos nessas práticas. Ainda segundo o Talmude, os "justos antigos" (*chassidím rishoním*), recitavam a *Amidáh* durante uma hora; o contexto aponta para uma experiência meditativa e não de adoração. No entanto, como na época do Talmude a meditação tinha-se tornado uma doutrina secreta dentro do judaísmo, tudo era descrito sob a forma de alusões e alegorias. Os relatos só começam a fazer sentido para aqueles que conhecem os métodos.

Há duas obras principais sobre meditação, muito provavelmente escritas durante o período talmúdico (por volta de 100--500 E.C.). A primeira é o *Séfer Yetsiráh*, O Livro da Criação, o mais enigmático texto sobre o misticismo judaico. Há mais de cem comentários sobre o texto, na tentativa de desvendar seus mistérios, mas esses comentários tendem a empurrar para dentro do texto seus próprios sistemas, em vez de extrair-lhe a mensagem. Contudo, uma análise cuidadosa indica que ele é um trabalho extremamente avançado sobre meditação.

Outra obra importante do período é *Heichalót Rabatí* (O Grande Livro dos Santuários). Trata-se de um texto importante sobre o misticismo da *Merkaváh*, descrevendo algumas das técnicas utilizadas na "Obra da Carruagem". Esse livro é bem explícito, mas, ainda assim, bastante opaco para os não iniciados nas técnicas de meditação.

Na Idade Média, a meditação era uma técnica bem conhecida, discutida exaustivamente pelos filósofos judeus, particularmente quando associada à profecia. Filósofos judeus como Maimônides e Gersônides analisam o estado meditativo em profundidade, contrastando as visões em um estado meditativo com aquelas de um estado de sonho. A forma como o assunto é abordado sugere que a meditação era considerada uma parte integral do Judaísmo.

Para os místicos e cabalistas judeus, era evidente que a meditação desempenhava um papel-chave. Durante esse período, muito se escreveu sobre as experiências em estado meditativo, sobre como alterar uma visão ou um estado de consciência. Havia, ainda, referências a técnicas, mas sempre de forma velada, como se o seu ensinamento continuasse no âmbito da tradição

MEDITAÇÃO JUDAICA ■ 63

oral e nunca devesse existir sob a forma escrita. A regra era deixar os leitores às voltas com alusões incompreensíveis, e nunca oferecer-lhes fatos transparentes.

Abraão Abuláfia (1240-1296) foi a exceção, o único a quebrar a regra do sigilo. Era uma figura altamente controvertida por muitos motivos, como, por exemplo, por acreditar-se uma pessoa destinada a ser o Messias ou um precursor dele. Contudo, como bem afirma em seus escritos, ele foi o primeiro a escrever sobre os métodos da meditação cabalística. Embora criticado em seu tempo, os cabalistas posteriores acabaram reconhecendo que os métodos por ele descritos representavam a verdadeira tradição do cabalismo profético.

Logo após a época de Abuláfia, aconteceu algo que eclipsou a meditação como o foco da Cabala: a publicação do *Zôhar* na década de 1290. Embora essa obra mística contenha várias alusões a métodos meditativos, ela não se refere claramente à meditação. Além disso, os sistemas espirituais descritos pelo *Zôhar* são tão complexos que seria preciso uma vida inteira para compreendê-los – e foi exatamente o que aconteceu.

Com a publicação do *Zôhar*, a Cabala entrou em uma nova era. Além de atingir estados místicos e estados mais elevados de consciência, os cabalistas tinham, agora, uma nova meta – compreender o *Zôhar*. Isso transformou a Cabala em uma disciplina acadêmica, além de mística. Cada vez mais, começaram a surgir livros sobre a Cabala que a consideravam mais uma filosofia que uma experiência. De fato, por volta do século XV, era praticamente impossível escrever um livro sobre a filosofia judaica que não fizesse menção à Cabala.

Contudo, o elemento místico continuava sendo muito importante. O estudo da Cabala atingiu seu apogeu na famosa comunidade de Safed, a cidade dos santos e místicos. A figura mais importante entre os cabalistas de Safed foi o rabi Isaac Luria (1534-1572), conhecido como "O Ari". Ele possuía uma sensibilidade espiritual tão aguçada que se transformou em uma lenda viva, mas seu maior feito foram os livros sobre cabalismo que ele legou ao mundo. O Ari desvendou o mistério do *Zôhar*, mostrando como seu sistema poderia formar a base de uma prática meditativa. Além disso, ele nos deixou um dos sistemas de Cabala mais intelectualmente complexos já elaborados pelo homem.

Isso acabou intelectualizando a Cabala ainda mais, transformando cada aspecto místico que a compõe em algo tão estimulante e fascinante quanto a filosofia ou o Talmude. Assim, a Cabala alcançou *status* de uma prática intelectual por seus próprios méritos. Nos séculos XVII e XVIII, as obras dos cabalistas foram consideradas as mais profundas, complexas e desafiantes obras judaicas jamais escritas. No entanto, esse fenômeno reduziu a importância da meditação até mesmo entre os místicos judeus. Na opinião de muitos, o misticismo judaico e a Cabala eram um exercício intelectual, e nada mais.

Outra influência diminuiu ainda mais a importância da Cabala nesse período. Foi a reação ao falso messias, Shabetái Tzvi (1626-1676). Esse indivíduo carismático distorceu os ensinamentos da Cabala, utilizando-os para suas reivindicações messiânicas enganosas. Sua carreira chegou ao fim ao ser desafiado pelo sultão turco; ele preferiu a conversão para o Islã ao martírio, deixando milhares de seguidores completamente desapontados. O falso messias maculou a reputação do misticismo, lançando o misticismo e a meditação judaicos no esquecimento por quase um século.

O misticismo judaico renasceu em meados do século XVIII, pelas mãos do famoso rabi Israel ben Eliezer, conhecido como o *Baal Shem Tov* (1698-1760). Ele fundou o Movimento Chassídico, baseado no misticismo e centrado nos exercícios de meditação. Uma das primeiras técnicas chassídicas utilizava o culto diário como um exercício de meditação. Esse movimento reinseriu a meditação no judaísmo e renovou as forças da comunidade judaica, dando-lhe novo alento e revigorando o seu engajamento religioso.

Ainda assim, a comunidade judaica estabelecida sentiu-se ameaçada por esse movimento embrionário. Os líderes judeus ficaram receosos de que o movimento se transformasse numa seita, já que suas práticas eram diferentes e singulares. Além disso, o movimento parecia excessivamente vinculado a uma única personalidade, o que fazia lembrar o fiasco do falso messias Shabetái Tzvi. A oposição foi tão forte que acabou levando à excomunhão de todo o movimento. Em toda a Europa, grandes sábios rabínicos foram convocados a expressar sua oposição ao movimento da forma mais enfática possível.

Tudo isso acabou afetando o chassidismo. Alguns de seus membros enveredaram por caminhos já percorridos, reduzindo todo o seu ensinamento místico à filosofia. Outros optaram por institucionalizar o papel do mestre espiritual, tornando a dedicação a um mestre (ou *rébe*, expressão carinhosa do aluno falando ou referindo-se ao mestre, N.T.) a principal característica diferenciadora do chassidismo.

Durante as três primeiras gerações do chassidismo, dificilmente encontraríamos um livro publicado que não mencionasse a meditação e a experiência mística. Já nas últimas obras, o misticismo quase não é mencionado e, a partir de 1850, em vários lugares o movimento chassídico desenvolveu uma forte tendência antimística. Assim, caía por terra um dos últimos pilares da meditação judaica, mergulhando suas práticas no esquecimento por mais de um século. Até mesmo o vocabulário básico referente à meditação parecia perdido. Os estudiosos escreviam sobre o misticismo judaico, mas ignoravam referências óbvias à meditação; palavras-chave de meditação eram traduzidas de forma incorreta, ou então mal interpretadas. Chegou-se a um ponto em que a meditação foi praticamente apagada da consciência e da história judaica.

Nesse momento, seria útil analisar os termos mais comuns utilizados a respeito da meditação nos textos judaicos. Como todos esses textos estão em hebraico, as palavras-chave também estão escritas nesse idioma. A partir de suas raízes e formas, pode-se adquirir um entendimento razoável dos tipos de meditação que significam.

Na literatura judaica, a palavra mais comum para meditação é *kavanáh*. Essa palavra é traduzida como "concentração", "sentimento", ou "devoção". Contextualizando, os livros falam em adorar com *kavanáh* ou manter a *kavanáh* enquanto se realiza um ato sagrado. Contudo, ao analisarmos a origem dessa palavra, vemos que ela advém da raiz hebraica *kavén*, que significa "direcionar". A palavra *kavanáh*, portanto, significa "direcionar" a consciência para certa meta. A tradução mais correta seria "consciência direcionada".

Anteriormente, definimos meditação como uma forma controlada do pensar. Nesse sentido, *kavanáh* seria o termo hebraico mais genérico para a palavra "meditação".

A palavra *kavanáh* é comumente usada em relação à oração ou adoração. No judaísmo, como veremos, a linha que separa adoração de meditação costuma ser bastante tênue. Vários elementos do culto de adoração são elaborados especificamente para uso como elementos de meditação, para atingir estados de consciência mais elevados. Já discutimos essa utilização quando mencionamos a *Amidáh*, mas convém observar que ela também é válida para uma série de outras orações.

Quando alguém pratica a *kavanáh* em adoração, está permitindo que as palavras do culto direcionem sua consciência. A Mente é conduzida para o estado de consciência definido pela oração que está sendo recitada. Nesse sentido, a oração é utilizada para direcionar a consciência.

A palavra *kavanáh* também é associada a várias ações, especialmente aquelas envolvendo o desempenho dos mandamentos ou rituais. Novamente, *kavanáh* significa limpar a mente de pensamentos estranhos, concentrando-a por inteiro na ação que se está realizando. O ato em si transforma-se no meio pelo qual a consciência da pessoa é direcionada.

Além da concepção geral de *kavanáh*, várias obras judaicas religiosas, particularmente aquelas de natureza cabalística, contêm compilações de meditações (*kavanót*) específicas para vários tipos de rituais. Essas *kavanót* (no plural) são utilizadas para direcionar a mente pelos caminhos interiores, definidos pelos significados esotéricos do ritual.

Outro termo hebraico importante associado com a meditação é *hitbonenút*. Em uma tradução literal, significa "contemplação" e implica um tipo diferente de meditação.

Normalmente, olhamos as coisas ao redor de forma objetiva e sem paixão. Posso olhar para uma folha e até mesmo analisá-la atentamente, mas isso não me afeta de modo algum. Tendo-o feito, continuo sendo a mesma pessoa de antes. Esse comportamento em nada afeta meu estado de consciência. Minha mente continua sendo a mesma, tendo olhado para a folha ou não.

Contudo, também posso olhar para essa mesma folha com o objetivo de atingir um nível mais elevado de consciência ou um grau maior de autoconhecimento. Nesse caso, estarei usando a folha como um meio de alcançar a "autocompreensão", ou *hitbonenút*.

O grande filósofo judeu Moisés Maimônides (1135-1204) fala em utilizar a meditação (*hitbonenút*) enquanto se contempla a Criação de Deus. Pode-se atingir um profundo amor a Deus por meio de uma contemplação como essa porque não se trata de uma simples contemplação dos vários aspectos da Criação, mas de uma compreensão de si mesmo como parte integrante dessa Criação. Quando observamos a Criação e compreendemos nosso próprio papel nela, podemos desenvolver um amor profundo e duradouro por Deus. Quem já não se sentou ao luar e observou as estrelas, ansiando por desvendar seus segredos? Quando pensamos na imensidão do universo, somos arrebatados por um sublime espanto. Para muitas pessoas, só isso já constituiria uma "experiência religiosa", uma experiência que pode levar a pessoa a sentir uma profunda humildade diante das infinitas vastidões do universo.

O próximo passo é ir além da sensação física e contemplar o fato de que esse imenso universo, com suas incontáveis estrelas e galáxias, foi todo criado por Deus. Refletimos sobre o fato de um único e inefável Ser ter criado tudo que nos rodeia. Percebemos que esse Ser deve ser muito diferente de nós e, ainda assim, nos sentimos próximos a ele.

O passo final é a *hitbonenút*, compreender a nós mesmos à luz dessa imensa Criação. Nesse ponto, podemos perguntar: "Se Deus criou este imenso universo, então, quem sou eu? Como me encaixo nisso tudo?" Ao mesmo tempo, podemos nos sentir privilegiados por Deus permitir que tenhamos uma relação direta com Ele. "Veja, o Criador de todas as coisas digna-Se a me ouvir! Mais do que isso, Ele Se preocupa comigo!" Perceber a grandeza de Deus e, ao mesmo tempo, contemplar a proximidade que Ele nos permite manter é precisamente o que pode gerar nosso profundo amor por Deus.

O salmista expressa exatamente isto ao dizer: "Quando vejo o céu, obra dos Teus dedos, a Lua e as estrelas que fixaste, o que é um mortal, para dele Te lembrares, e um filho de Adão, para que venhas visitá-lo? E o fizeste pouco menos que um deus, coroando-o de glória e beleza. Para que domine as obras de Tuas mãos, sob seus pés tudo colocaste" (Sal. 8:4-6). Percebemos como somos insignificantes aos olhos de Deus e, ainda assim, como somos importantes.

A meditação (*hitbonenút*) pode ter qualquer coisa como foco – uma pedra, uma folha, uma flor, uma ideia. O objeto preenche a mente, sendo então utilizado como um meio de compreender o *self.* Trata-se de um tipo de espelho, onde é possível ver a si mesmo à luz da verdadeira Realidade. Ao utilizar esse espelho, podemos ver o Divino em nós mesmos. De fato, esse pode ser o "espelho (*aspaklária*) da profecia", descrito no Talmude. Quando olhamos nesse espelho e vemos o que há de Divino dentro de nós, podemos nos comunicar com o Divino.

A última palavra hebraica importante para a meditação é *hitbodedút.* Trata-se do termo mais específico para meditação, já em uso no século X. O significado literal da palavra é "autoisolamento" e, por esse motivo, ela passou despercebida para muitos estudiosos de misticismo judaico. Vários estudiosos traduziram essa palavra simplesmente como "isolamento" ou "afastamento", sem perceber que ela se referia à meditação.

A chave para a compreensão desse termo será encontrada em um texto do filho de Moisés Maimônides, Abraão, que aponta para dois tipos de isolamento: o autoisolamento externo e o interno. O autoisolamento externo envolve tão somente o isolamento físico – refugiar-se nos campos, nas florestas ou cavernas, em qualquer lugar afastado de outras pessoas. Isso, no entanto, é apenas o primeiro passo, a porta de entrada para o autoisolamento interno.

O autoisolamento interno consiste em isolar a mente de todas as sensações externas e até mesmo do pensamento em si. Pelo que se lê na maioria dos clássicos não judaicos, isso é o que usualmente definimos como estado meditativo. A *hitbodedút,* portanto, é o termo hebraico para qualquer prática que leve uma pessoa a um estado meditativo – um estado no qual a mente se isola, ficando sozinha, sem nenhuma sensação ou pensamento.

Sabe-se que a privação dos sentidos pode ajudar uma pessoa a atingir estados mais elevados de consciência. De fato, nas grandes cidades, existem locais onde as pessoas podem alugar por algumas horas uma câmara de privação de sentidos. Nesse local, completamente escuro e à prova de som, a pessoa flutua em um líquido espesso, à temperatura do corpo. Completamente desligada dos estímulos externos, a mente pode seguir seu próprio fluxo rumo a estados mais elevados de consciência.

Contudo, a verdadeira meditação não requer uma câmara de privação de sentidos. Pela simples utilização de uma prática meditativa, podem-se cortar todas as ligações com os estímulos externos apenas por meio da vontade. Ao mesmo tempo, podem-se também bloquear todos os pensamentos estranhos, preenchendo a mente com o objeto da meditação. A isso chamamos *hitbodedút*, autoisolamento, na acepção utilizada na meditação.

O vocabulário é muito importante. Sem ele, podemos ler um texto hebraico sobre meditação e sequer perceber a natureza do conteúdo. Um dos motivos pelos quais as pessoas não percebiam o valor e a influência da meditação no judaísmo era a tradução incorreta das palavras-chave na maioria dos textos importantes.

A impressão geral deixada por tais textos é a de que a meditação não só foi praticada pelos judeus ao longo de muitos séculos, como era um ingrediente muito importante do judaísmo. Sem dúvida alguma, a meditação tem sido parte integrante do judaísmo ao longo de toda a sua história.

CAPÍTULO 6

MEDITAÇÃO MÂNTRICA

HOJE EM DIA, a forma mais conhecida de meditação é a mântrica. "Mantra" é um termo oriental para uma palavra ou frase repetida seguidamente como exercício de meditação. Em vários tipos de meditação oriental, a meditação mântrica é o exercício central, constituindo praticamente toda a base da meditação transcendental. Como não existe um termo ocidental genérico adequado para esse tipo de meditação, usarei o termo oriental "mantra".

Um dos efeitos imediatos desse tipo de meditação é relaxar o corpo. Parece, inclusive, que, nesse tipo de meditação, quanto mais relaxado o corpo, mais ativa se torna a mente. É como se o corpo liberasse uma energia a ser utilizada pela mente.

De qualquer forma, a meditação, particularmente a que utiliza um mantra, é um excelente método de relaxamento. Por esse motivo, muitos psicólogos desenvolveram formas neutras – quanto à religião – de meditação mântrica para evocar a "resposta de relaxamento". Como já foi assinalado, desenvolveu-se todo um sistema, denominado Meditação Clínica Padronizada (*Standardized Clinical Meditation* – SCM), para utilizar essa forma de meditação em um contexto clínico.

A meditação mântrica parece atuar com muita eficácia na esfera do hábito. Se uma pessoa passa o dia inteiro em uma sala onde se ouve apenas o tique-taque de um relógio, no decorrer do dia a mente dessa pessoa acaba habituando-se ao som e desligando-se dele. Embora ouça o ruído, ela simplesmente não o registra. Diz-se que a pessoa acostumou-se ao som do relógio e não presta mais atenção a ele. Trata-se de um mecanismo importante, fazendo que a mente filtre e elimine o lugar-comum, permitindo ao meditante concentrar-se apenas no que é essencial.

Ao repetir um mantra várias vezes seguidas, a mente também se habitua a ele, até que o meditante repete as palavras sem registrá-las na mente consciente. Ao alcançar esse estágio, o meditante já adquiriu o hábito de apagar todo e qualquer pensamento da mente enquanto recita o mantra. Trata-se, portanto, de um método psicológico altamente eficaz para remover todos os pensamentos da mente.

Isso pode parecer bastante corriqueiro e nem um pouco místico. Contudo, o mantra não precisa ser, necessariamente, o elemento místico na meditação. Ele pode servir como um meio para limpar a mente dos pensamentos cotidianos, deixando-a aberta para experiências transcendentais. Isso pode ser verdadeiro, não importa o quanto o mantra seja não místico. Em certos tipos de meditação clínica, inclusive, pode-se usar como mantra uma palavra completamente sem sentido.

Contudo, se o mantra possui um poder espiritual próprio, ele não só limpa a mente dos pensamentos terrenos, mas também conduz o meditante a um espaço espiritual especial. A forma do mantra pode ser extremamente importante se a pessoa quiser alcançar uma meta espiritual específica na meditação.

Embora a meditação mântrica não seja a forma de meditação judaica mais típica, ela é uma das mais simples. Como na meditação de modo geral, ela consiste em repetir uma palavra ou frase seguidamente, normalmente por um período de meia hora por dia. O elemento mais importante da meditação é que ela

MEDITAÇÃO JUDAICA ■ 73

seja feita diariamente, durante um período de pelo menos um mês. Geralmente, só depois de trinta a quarenta dias é que os resultados desse tipo de meditação começam a se manifestar.

Até mesmo na Bíblia parece haver referências à meditação mântrica. Segundo a análise filológica, parece que o verbo hebraico *hagáh* denota um tipo de meditação na qual uma palavra ou um som são repetidos seguidamente. O grande linguista judeu David Kimchi (1160-1235) escreveu que a palavra *hagáh* denota um som ou um pensamento repetido como o arrulhar de uma pomba ou o rugido de um leão. Contudo, as referências bíblicas a esse tipo de meditação são ambíguas.

A primeira referência isenta de ambiguidade é encontrada no *Heichalót Rabati*, o texto primordial do misticismo da *Merkaváh*, da época do Talmude. O texto apresenta um "nome" místico de Deus que, na realidade, é uma frase bastante longa, com certo número de palavras ou termos místicos. Segundo as instruções, essa frase deve ser repetida 120 vezes, seguidamente. A técnica é reminiscente da meditação mântrica, em especial de alguns sistemas orientais, nos quais o mantra é repetido por um número definido de vezes.

É significativo observar que, nas *Heichalót*, o mantra não é encarado como um fim em si mesmo, mas como o primeiro passo na Obra da Carruagem. Ele é utilizado para conduzir o iniciado a certo estado de consciência e, a partir daí, permitir-lhe viajar de uma câmara a outra nos mundos superiores. Portanto, em vez de definir o estado de consciência, o mantra conduz o meditante ao primeiro estágio do estado meditativo para que, a partir daí, ele possa utilizar outras técnicas e avançar em seu caminho.

Nas escolas cabalísticas posteriores, parece que versículos bíblicos ou trechos do Talmude ou do *Zôhar* eram usados como mantras. Na Safed do século XVI, por exemplo, há menções a uma técnica conhecida como *gerushín*, que parece consistir na repetição de um versículo bíblico inúmeras vezes, como uma forma de mantra. Além de conduzir o meditante a um estado mais elevado de consciência, a proposta dessa técnica era oferecer um entendimento mais profundo do próprio versículo repetido, como se, pela repetição, o versículo se autoesclarecesse ao meditante. Em vez de estudar o versículo, o meditante entraria em comunhão com ele.

Esta concepção é ilustrada de forma ainda mais visível em uma técnica empregada pelo rabi Joseph Caro (1488-1575) e seus seguidores. Em vez de se valer de um versículo bíblico, eles utilizavam trechos da *Mishnáh* (a primeira parte do Talmude, concluída por volta de 200 E.C.). Uma seção da *Mishnáh* (determinado parágrafo ou *mishnáh*) seria repetida como um mantra, conduzindo o meditante a um estado de consciência em que um *maguíd* (pregador, N.T.), um ser angelical associado àquela *mishnáh*, viria falar ao meditante. Também com essa técnica, o meditante adquiriria entendimentos mais profundos não pelo estudo da *mishnáh*, mas pela experiência da sua essência espiritual.

É significativo observar que parece haver uma alusão a essa técnica no próprio Talmude, que fala em rever uma *mishnáh*, comentando: "Repetir uma *mishnáh* cem vezes é diferente de repeti-la 101 vezes". Isso seria uma indicação de que já na época talmúdica a *mishnáh* era utilizada como um tipo de mantra.

Há ainda evidências de que o Ari (o rabi Isaac Luria) utilizou uma técnica semelhante com o *Zôhar*. Diferentemente de outros cabalistas de seu tempo, que estudavam o *Zôhar* e tentavam sondar seus mistérios intelectualmente, Ari sondou suas profundezas por meio de uma técnica meditativa. Pela análise da descrição de sua técnica, ele parece ter utilizado alguns trechos curtos do *Zôhar* como um mantra, repetindo-os inúmeras vezes até que seu significado ficasse claro. O Ari descreve essa experiência dizendo que o *Zôhar* "falou com ele".

MEDITAÇÃO JUDAICA ■ 75

Em épocas relativamente modernas, uma forma prática de meditação mântrica foi prescrita pelo ilustre líder chassídico rabi Nachman de Bratslav (1772-1811). De todos os mestres chassídicos, ele foi o que mais falou sobre a meditação do tipo *hitbodedút*. Como veremos, sua técnica principal consistia em entabular uma conversação com Deus. Contudo, o rabi Nachman comenta que se uma pessoa não sabe o que dizer ela pode simplesmente repetir a frase *Ribonó shel Olám*, que em hebraico significa "Senhor do Universo". Pela descrição da técnica, parece óbvio que o rabi Nachman estava prescrevendo o uso dessa frase como um mantra que conduziria a pessoa a um estado de consciência mais elevado.

Também nesse ponto, o rabi Nachman não está preocupado em repetir o mantra como um fim em si mesmo. Pelo contrário, ele o vê como uma forma de abrir a mente para iniciar uma conversa com Deus, um método que, segundo ele, era a melhor forma de se aproximar de Deus. Ainda assim, ele considerava a repetição uma técnica importante por si só.

Uma vez que a frase *Ribonó shel Olám* era prescrita como um tipo de mantra pelo rabi Nachman, algumas pessoas referem-se a ela como o mantra do rabi Nachman. Outros, por amor à autenticidade, preferem a pronúncia chassídica, *Ribôinoi shel Óilom*. Seja como for, é uma frase ideal para qualquer pessoa que deseje envolver-se em uma autêntica meditação mântrica judaica, pois não se trata apenas de uma frase aconselhada por um dos grandes mestres hassídicos; ela também é usada como preâmbulo à oração, desde os primórdios do Talmude. Acredita-se que ela já era utilizada no século I a.E.C., por Simão Ben Shetach, e, segundo o Talmude, *Ribonó shel Olám* também era usada nos tempos bíblicos.

A meditação mântrica é um dos tipos mais simples de meditação. Trata-se, portanto, de um ponto de partida quando se deseja dar início a um programa mais extenso. O mantra do rabi

Nachman, *Ribonó shel Olám*, é, portanto, um bom mantra para começar a meditar, além de se configurar como um excelente exemplo de meditação de modo geral.

Não se pode iniciar um programa de meditação sem uma boa dose de comprometimento. Para que surta efeito, é preciso fazê-lo diariamente, repetindo o mantra durante pelo menos vinte ou trinta minutos seguidos. Se o fizer diariamente, o meditante começará a sentir os efeitos cumulativos da experiência, que se perderão caso a pessoa fique um ou dois dias sem praticar. Além disso, são necessárias várias semanas de disciplina com um mantra para alcançar completamente um estado de consciência mais elevado. Alguns efeitos podem se fazer sentir imediatamente, mas leva algumas semanas até que os efeitos se façam sentir em sua plenitude. Se a pessoa fizer dessa experiência um compromisso diário, os resultados podem ser surpreendentes.

Neste estágio, cabe uma advertência. A meditação mântrica é, com certeza, um método bastante seguro para a maioria das pessoas, mas ela pode ser perigosa para os que apresentam um histórico de transtornos mentais. Se, antes de mais nada, a pessoa não tem um forte elo de ligação com o mundo real, ela pode sentir dificuldade em restabelecer esse elo após uma experiência profunda de meditação. Da mesma forma que pessoas com um histórico de problemas cardíacos devem ter cuidado com exercícios físicos extenuantes, o mesmo é válido para aqueles com problemas de natureza mental. A história talmúdica de Ben Zomá, que enlouqueceu após uma experiência de meditação particularmente intensa, é uma boa advertência. Qualquer um em dúvida quanto à sua estabilidade mental deve certificar-se de que está sendo orientado por alguém experiente antes de se envolver com algum tipo de meditação intensa.

De modo geral, a preparação para a meditação é simples e direta. Deve-se meditar em um momento e lugar em que não haja interrupções de outras pessoas, nem de telefonemas ou ruídos. Segundo o rabi Nachman, se possível, o melhor é meditar em um local destinado a esse fim. Como, muitas vezes, trata-se de um luxo que nem todos podem ter, deve-se escolher um canto tranquilo da casa, uma cadeira especial ou uma sala ou quarto onde se fique sozinho à noite, sem ninguém por perto. Ainda segundo o rabi Nachman, florestas, colinas e campos são bons lugares para meditar, especialmente quando o tempo está agradável.

Contudo, o local não é tão importante assim. Uma alternativa apresentada pelo rabi Nachman é meditar na cama, à noite, desde que esse seja um local onde a pessoa não seja interrompida. Outro lugar excelente seria uma sinagoga, desde que não haja ninguém por perto para atrapalhar a sessão de meditação.

Muitas pessoas associam a meditação à posição oriental de lótus. No entanto, convém lembrar que, no Oriente, é comum sentar-se no chão ou em um tatame, de modo que a posição de lótus se aproxima da posição mais normal e confortável para os meditantes orientais. Para os ocidentais, essa é uma posição difícil de ser aprendida, chegando a ser bastante desconfortável no início. Na prática, verifica-se que sentar em uma boa cadeira com encosto confortável é tão eficaz quanto a posição de lótus.

De qualquer forma, a meditação judaica não exige nenhum tipo de posição especial. É verdade que existem referências que apontam para a meditação feita em uma cadeira, mas tão somente a título de ilustração. Pode-se escolher qualquer posição, desde que a pessoa se sinta confortável durante um bom período de tempo, sem sentir câimbras ou a necessidade de mudar de posição.

Durante a meditação, sente-se em uma posição completamente relaxada, com os olhos ligeiramente fechados. Mantenha as mãos confortavelmente apoiadas sobre uma mesa ou em seu colo. Segundo os cabalistas, os dedos não devem estar entrelaçados. No máximo, as mãos devem repousar suavemente uma sobre a outra.

Acomode-se antes de iniciar a meditação. Isso significa sentar-se serena e confortavelmente no local em que você for meditar. Tente relaxar completamente, limpando a mente de todas as preocupações externas. Entoar uma melodia relaxante ajuda a algumas pessoas nesse período inicial, que deve durar de cinco a dez minutos.

Para tal, fica clara a vantagem de meditar num mesmo lugar todos os dias, pois a pessoa associará o local à tranquilidade desenvolvida durante a meditação. Após alguns dias, essa tranquilidade envolverá o meditante automaticamente, simplesmente pelo fato de estar naquele lugar específico. Isso tende a reforçar o processo e facilitar o progresso do meditante.

Suponhamos que você esteja utilizando o mantra do rabi Nachman, *Ribonó shel Olám*. Repita a frase seguidamente, devagar, em um tom de voz bem suave. Pelas regras da meditação, o mantra deve ser proferido da maneira mais suave possível. Pode-se sussurrá-lo ou pronunciá-lo em voz alta, suavemente. Faça do modo como lhe parecer mais confortável.

A meditação judaica não impõe nenhum padrão no modo como o mantra é pronunciado. Algumas pessoas sentem-se mais à vontade sussurrando-o. Também é possível pronunciá-lo sem emitir nenhum som, apenas com movimentos labiais. Só não é recomendável, principalmente para os iniciantes, repeti-lo apenas mentalmente. Se o mantra for repetido apenas mentalmente, ele pode ser interrompido pelo fluxo de pensamentos estranhos.

Na verdade, a ênfase não está no modo como o mantra é repetido, e sim no período de tempo em que é repetido. Conforme já mencionamos, deve-se repetir o mantra durante vinte a trinta minutos. Se preferir, a pessoa pode valer-se de um cronômetro para marcar o período da meditação. Isso é melhor do que consultar um relógio, que pode desviar a mente do processo. Também pode-se pedir a alguém que faça um sinal quando o tempo estiver esgotado. Contudo, após algum tempo, o próprio meditante perceberá o término do período de meditação.

No início, você pode deixar que sua mente divague enquanto estiver recitando o mantra. Desde que prevaleça a consciência interior de que as palavras *Ribonó shel Olám* significam "Senhor do Universo", as próprias palavras guiarão seus pensamentos. Não há motivos para preocupação, além de com a direção que os pensamentos estão tomando. Um dos ensinamentos chassídicos afirma que qualquer pensamento que entra na mente do meditante durante o período de meditação tem sua razão de ser.

Também é instrutivo prestar atenção às imagens que vêm à sua mente, enquanto você estiver meditando com os olhos fechados. À medida que você for avançando no processo, essas imagens vão se tornar mais vívidas e mais claras, tornando-se mais fácil focalizá-las. Com o passar do tempo, seu controle sobre essas imagens aumentará de forma impressionante, e as imagens poderão tornar-se extremamente vívidas.

Deve-se ter cuidado, no entanto, para não levar essas imagens muito a sério. Com o tempo, tais imagens tornam-se mais nítidas, podendo dar a impressão de que se trata de visões. O meditante iniciante pode ficar tentado a dar um significado exagerado a essas visões, e achar que está experimentando algum tipo de profecia ou algo do gênero. É importante, então, conscientizar-se de que essas visões não são tão importantes assim, não se devendo levá-las muito a sério. A menos que a pessoa já esteja em um estágio extremamente avançado, essas visões não passam de criações da mente.

Na literatura cabalística, aconselha-se até mesmo os meditantes em estágio avançado a não dar crédito a essas visões. Mesmo as mais impressionantes podem ser espúrias e provenientes do Outro Lado. (Por essa expressão, o judaísmo designa o Mal, ou o Demônio. Usando-se essa expressão, evita-se chama-lo pelo nome.) De fato, agir com base nas imagens vislumbradas em um estado meditativo é considerado extremamente perigoso e prejudicial ao desenvolvimento espiritual da pessoa. Portanto, visões ou imagens devem ser consideradas tão somente experiências estéticas. Quando muito, devem ser encaradas como os primeiros indícios de uma experiência espiritual.

De modo geral, devem-se evitar movimentos durante o estado meditativo, pois isso quebra a concentração. Algumas pessoas, no entanto, afirmam que oscilar o corpo suavemente de um lado para o outro ajuda a aliviar as tensões durante os estágios iniciais. Pode-se tentar esta experiência, caso a pessoa sinta-se confortável.

No início, podemos permitir que a mente vagueie livremente, ou podemos nos concentrar nas imagens vislumbradas no olho da mente. Contudo, à medida que se atingem estágios mais elevados, as palavras do mantra devem preencher a mente por inteiro, eliminando-se todas as outras sensações. Isso implica manter todos os outros pensamentos fora da consciência. Toda a atenção deve estar voltada para as palavras que constituem o mantra, não sobrando espaço para nenhum outro pensamento.

É claro que, até que o meditante adquira alguma prática, os pensamentos estranhos estarão constantemente tentando penetrar na mente. Nessas ocasiões, deve-se evitar que isso ocorra, concentrando-se ao máximo nas palavras do mantra. Algumas vezes isso pode exigir um grande esforço, mas é agindo dessa maneira que se adquire o controle sobre os pensamentos.

Algumas pessoas acham mais fácil afastar os pensamentos estranhos quando repetem o mantra bem devagar. Como veremos, agir com muita lentidão é um procedimento utilizado também em outros tipos de meditação. Contudo, haverá ocasiões em que se recomendará repetir o mantra bem rápido, por vezes quase atropelando as palavras. Mais uma vez, cada meditante deve determinar o seu próprio ritmo.

Após a meditação, permaneça na mesma posição por uns cinco minutos, permitindo que a mente absorva os efeitos do exercício. É necessário esperar alguns minutos antes de "voltar aqui para baixo" e retomar as atividades diárias. Algumas pessoas sentem-se mais à vontade cantarolando alguma melodia suave durante esse período, que deverá ser um momento de íntima proximidade com o Divino.

Você pode utilizar os momentos subsequentes à meditação para uma conversa com Deus. Como mencionamos anteriormente, para o rabi Nachman, a meditação mântrica é, basicamente, um meio de preparar-se para a conversa com Deus, esta sim um tipo mais elevado de meditação. Seja como for, qualquer pessoa pode se sentir bastante próxima a Deus depois de meditar, e esse é um bom momento para expressar essa proximidade. Enquanto as escolas orientais encaram a meditação mântrica como um fim em si mesmo, as fontes judaicas parecem vê-la mais como uma preparação para uma experiência espiritual mais profunda.

Algumas fontes argumentam que, após meditar, devem-se cheirar perfumes ou ervas aromáticas, para a reintegração ao mundo físico. Devem-se, ainda, ingerir comidas leves logo depois de meditar, porque por meio da bênção sobre o alimento a comida eleva o corpo inteiro.

É claro que a simples meditação usando as palavras *Ribonó shel Olám*, "Senhor do Universo", já encerra um alto valor, e algumas pessoas contentam-se em fazer disso a prática de uma vida inteira. Contudo, há aqueles que utilizam esse mantra como um meio de aprender técnicas de meditação e conhecer estados de consciência mais elevados, aprofundando-se em seguida nos métodos mais avançados.

CAPÍTULO 7

CONTEMPLAÇÃO

A CONTEMPLAÇÃO É MAIS UM TIPO SIMPLES DE MEDITAÇÃO, já mencionada anteriormente no contexto da *hitbonenút*. Neste capítulo, eu a analisarei mais detalhadamente e em termos práticos.

A contemplação consiste em sentar-se e concentrar-se em um objeto, palavra ou ideia, deixando-os preencher a mente. Trata-se de uma excelente forma introdutória de meditação já que não requer nenhum conhecimento de meditação nem conhecimentos profundos de hebraico ou do judaísmo. As técnicas são as mesmas da meditação mântrica, a não ser pelo fato de que a experiência é mais visual que verbal.

A contemplação simples consiste em fixar a vista num objeto por determinado período de tempo. Como em todas as formas de meditação, deve-se procurar uma posição a mais confortável possível. Podem-se piscar os olhos, se assim for mais confortável. Devem-se manter os olhos fixos no objeto de contemplação da forma mais agradável possível.

O objeto de contemplação pode ser quase qualquer coisa – uma pedra interessante, uma folha, uma flor, ou algum texto. Contudo, devem-se evitar imagens, fotografias ou estátuas, pois isso já se situaria em um limiar perigoso entre a contemplação e a idolatria.

Como no caso da meditação mântrica, deve-se sentar no lugar da meditação e ajustar-se ao local, permanecendo no estado de meditação por cerca de vinte a trinta minutos. Após esse tempo, deve-se permanecer quieto por mais cinco a dez minutos, absorvendo os efeitos do exercício.

A contemplação visual é útil em vários aspectos. Já mencionei anteriormente a visualização na qual se criam imagens no olho da mente. A contemplação é uma boa introdução a essa prática. Depois que a pessoa aprende a olhar um objeto corretamente, ela também pode aprender a controlar sua visão. A contemplação fixa a imagem no olho da mente, e essa imagem pode ser evocada mesmo na ausência física do objeto.

Pode-se começar utilizando o objeto de contemplação como um foco da meditação não estruturada, ou seja, fixam-se os olhos em um objeto enquanto a mente vagueia. A contemplação concentra a mente, mas o pensamento permanece sem controle. A pessoa pode pensar em como reestruturar sua vida, no significado da vida, ou em qualquer outro assunto que lhe seja importante. A contemplação não é a meta da meditação, e sim um acessório para uma meditação significativa de tipo não estruturado.

À medida que o meditante vai se aperfeiçoando, ele vai gradualmente aprendendo a preencher a mente com a imagem visual de seu objeto de contemplação, eliminando todos os outros pensamentos. Isso é bastante semelhante à meditação mântrica, só que se preenche a mente com uma imagem, em vez de com uma frase ou palavra. Pensamentos estranhos também são colocados de lado de forma semelhante; toda vez que um pensamento penetra na mente, ele é suavemente posto de lado, deixando toda a ação mental concentrada no objeto da contemplação.

No início, é normal fazer um esforço consciente para afastar os pensamentos estranhos da mente. Contudo, após algum tempo de prática, o objeto de contemplação desloca-se para o centro das atenções da pessoa e tudo o mais parece desaparecer. A partir desse estágio, a experiência de olhar o objeto é bastante intensificada. É como se não houvesse nada mais no mundo, além do meditante e do objeto de sua contemplação. Quando se atinge esse estágio, cada detalhe do objeto adquire sua importância. Se a pessoa estiver contemplando uma folha, por exemplo, cada sulco adquire um significado maior. Vislumbram-se estruturas e padrões que, em outras ocasiões, passariam despercebidas. Cada detalhe é profundamente gravado na consciência do meditante.

Há um amplo leque de opções quanto ao que se pode utilizar como objeto de meditação. Se a pessoa desejar, pode usar um objeto diferente a cada sessão. Isso é inevitável se o objeto de contemplação for perecível, como uma folha ou uma flor. Contudo, quando se utiliza um objeto diferente a cada sessão, os efeitos não são cumulativos.

Portanto, é melhor utilizar sempre o mesmo objeto durante um longo período de tempo. Se possível, é aconselhável que o objeto seja o mesmo por trinta ou quarenta dias, tempo suficiente para que o meditante habitue-se a ele. Agindo dessa forma, reforça-se a experiência de cada sessão e tem-se um efeito verdadeiramente cumulativo.

Contudo, é importante perceber que o objeto de contemplação não passa de um instrumento, não sendo um fim em si mesmo. Deve-se ter cuidado para não transformar o objeto de contemplação em um objeto de adoração, já que isso é beirar a idolatria. Mesmo quando se adquire a consciência do Divino no objeto, não se deve transformá-lo em objeto de veneração ou adoração. Como esse perigo sempre existirá, é melhor ater-se aos tipos de contemplação mencionados na literatura judaica clássica.

As pessoas às vezes perguntam: "Deve-se fazer apenas um tipo de meditação? É melhor começar pela meditação mântrica ou pela contemplação?" De modo geral, trata-se de uma questão de preferência. Algumas pessoas são mais verbais, enquanto outras têm uma orientação mais visual. Para as pessoas verbais, a meditação mântrica será mais eficaz, ao passo que uma pessoa mais visual achará mais fácil preencher a mente com a contemplação visual. É claro que, se o meditante tiver um mentor espiritual que conheça sua mente e seu espírito, ele poderá ajudar nesse tipo de decisão.

No entanto, a meditação mântrica e a contemplação desenvolvem áreas diferentes da mente e do espírito, o que torna as duas igualmente importantes. Há ainda outras meditações que envolvem os outros sentidos do corpo. Mas, em se tratando de iniciantes, a meditação mântrica costuma ser a mais simples.

Há quem ache interessante combinar a meditação mântrica com a contemplação. Se a pessoa aprendeu a concentrar a mente por meio da meditação mântrica, ela pode usar essa meditação para aperfeiçoar sua contemplação. Quando já se alcançou um estado de consciência mais elevado com esse tipo de meditação, é muito fácil preencher a mente com uma imagem visual. Sob esse aspecto, a meditação mântrica pode ser uma excelente introdução à contemplação.

Além disso, como já vimos, o mantra judaico mais universal é a expressão *Ribonó shel Olám*, "Senhor do Universo". Esse mantra não rejeita a realidade física; ele focaliza nossa atenção sobre o universo físico e nos torna conscientes quanto ao seu Senhor. Assim sendo, esse mantra é um excelente modo de relacionar o mundo visível ao seu Criador.

Há uma enorme diferença entre a concepção inglesa e a hebraica do Universo. No inglês, a palavra "universo" vem do latim, da associação de *unus*, que significa "um", com *versum*, que significa "transformação". Portanto, "universo" denota aquilo que se transformou em um só, ou que se combinou em um todo. Assim, no sentido laico, o Universo é encarado como o principal fator integrador da criação.

A palavra hebraica para Universo, por outro lado, é *olám*, derivada da raiz *alám*, que significa "ocultar". Assim sendo, no sentido hebraico, o Universo é aquilo que oculta o Divino. Portanto, a expressão *Ribonó shel Olám*, isto é, "Senhor do Universo", nos diz que, oculto no universo, há um Senhor. Assim, ao repetir esse mantra, adquire-se a consciência de que há uma realidade oculta por detrás daquela que nos é visível.

Ao repetir o mantra *Ribonó shel Olám*, juntamente com a contemplação de um objeto físico, começa-se a vislumbrar o Divino oculto no objeto. O objeto de contemplação pode se transformar no elo entre o meditante e Deus. O objeto transforma-se em um canal por meio do qual se vivencia o Divino.

Embora seja possível utilizar qualquer objeto como foco da meditação, há vários objetos específicos mencionados na literatura judaica, especialmente na Cabala, cada qual com um significado importante que lhe é peculiar.

Um tipo de meditação mencionado no *Zóhar* (l:lb, 2:231b) envolve a contemplação das estrelas. O *Zóhar* oferece uma fonte bíblica a esse tipo de meditação no versículo em que nos fala: "Elevai os olhos para o alto e vede: Quem criou esses (astros)? É Ele que faz o seu exército em número certo e fixo; a todos chama pelo nome..." (Is. 40:26). Segundo o *Zóhar*, esse versículo descreve uma meditação contemplativa tendo as estrelas como objeto.

O *Zóhar* observa que, nesse versículo, há duas palavras-chave hebraicas: *mi*, que significa "quem"; e *êleh*, que significa "esses". Ao se combinar essas duas palavras, as letras hebraicas (aqui em maiúsculas) são pronunciadas *ELoHÍM*, a denominação hebraica para Deus. Portanto, quando se olha para "esses" – coisas pertencentes ao mundo material – e pergunta-se "quem?" – quem é o autor dessas coisas e fundamento delas? – encontra-se Deus. O *Zóhar* apresenta esse comentário a respeito das estrelas, mas trata-se de uma verdade referente a qualquer objeto de contemplação.

Frequentemente olhamos para as estrelas e sentimos nossa pequenez e assombro diante do infinito. No entanto, se assim procedermos em termos de uma meditação específica, contemplando as estrelas e retirando todos os outros pensamentos da mente, amplificaremos enormemente o sentimento de reverência e assombro, bem como a sensação da presença de Deus na Criação. O foco do meditante ultrapassa as estrelas, procurando algo que está além delas – o "quem" por detrás do "esses" –, e ele adquire a consciência do Criador.

Um iniciante pode sentir dificuldade em contemplar as estrelas dessa maneira, sem sentir-se subjugado por pensamentos estranhos. Portanto, um mantra como o *Ribonó shel Olám* pode ser extremamente útil. Ao contemplar as estrelas como aquelas que ocultam uma verdade maior e mais profunda, a mente e o espírito lançam-se adiante, a fim de penetrar nesse mistério. Ao pronunciar *Ribonó shel Olám*, "Senhor do Universo", o meditante está, na verdade, invocando Deus nas profundezas dos céus, buscando-O além das estrelas, além dos limites do tempo e do espaço. Isso pode resultar em uma experiência de espantosa profundidade espiritual.

Há outras formas de combinar um mantra com a contemplação. Pode-se, por exemplo, contemplar uma flor e desejar alcançar uma consciência maior da sua beleza. É claro que a contemplação em si aumenta enormemente a consciência, mas um iniciante pode achar difícil manter a concentração. Contudo, a contemplação pode ser combinada com um exercício em que a pessoa repita a palavra "beleza" inúmeras vezes, enquanto contempla a flor. Isso serve para amplificar a sensibilidade e o sentido da beleza, de modo que a flor vai, de fato, passar a irradiar beleza. O resultado pode ser uma experiência estética extremamente poderosa. Se, então, o meditante perceber que a fonte dessa beleza é o Divino existente na flor, essa beleza pode tornar-se um elo com o Divino.

De forma semelhante, podem-se fixar os olhos nas próprias mãos e repetir a palavra "força", inúmeras vezes. Ao fazer isso, o meditante está se conscientizando, de forma singular, da força que possui nas mãos. É verdade que, de modo geral, a força é uma qualidade abstrata, ou seja, podemos ter consciência dela mas não podemos enxergá-la. Contudo, em um estado meditativo, a força das mãos deixa de ser apenas algo de que se tem consciência, no sentido abstrato, para transformar-se em algo que se pode enxergar. É impossível descrever a aparência da força, mas é algo que de fato se torna visível. Isso é bastante semelhante a uma experiência sinestésica descrita anteriormente, na qual se pode ver o invisível, como por exemplo sons e fragrâncias. Da mesma forma, é possível também ver conceitos abstratos.

Outro tipo de contemplação mencionada no *Zôhar* envolve uma vela ou uma lamparina. Muitos sistemas meditativos utilizam velas, mas as fontes judaicas demonstram sua preferência por uma pequena lamparina com azeite de oliva e um pavio de linho. Algo semelhante à grande menorá (candelabro) que havia no Templo de Jerusalém, que talvez também tenha sido utilizada como um objeto de contemplação. O azeite de oliva tem uma chama branca pura que lhe é peculiar e conduz seu contemplador às maiores profundidades. É claro que se pode utilizar uma vela no caso de não se encontrar tal lamparina, uma vez que o principal é a chama.

A literatura relativa ao *Zôhar* (*Tikunêi ha-Zôhar* 21:50a) ensina que, ao contemplar a chama, deve-se tomar consciência de suas cinco cores: branca, amarela, vermelha, negra e azul-celeste. Essas são as cores que um meditante deve vislumbrar ao contemplar a chama de uma vela ou lamparina.

Não é possível compreender tal visualização em um plano intelectual. Ao simplesmente olhar uma chama, podem-se ver o branco, o amarelo e o vermelho, uma vez que são as cores naturais do fogo. A cor preta também não é difícil de ser explicada,

MEDITAÇÃO JUDAICA ▪ 89

pois pode ser atribuída à escuridão ao redor da chama. Como já observamos, o escuro em si desempenha um papel importante na experiência meditativa.

Contudo, é difícil explicar o azul-celeste. Não há provas de que esta seja uma cor inerente à chama de uma vela ou lamparina. Além do mais, segundo o que se depreende dos ensinamentos do *Zôhar*, aparentemente esta cor surge na parte externa, em volta da cor negra, que é a escuridão ao redor da chama.

Entretanto, vamos encontrar uma pista para a natureza dessa coloração azulada no próprio *Zôhar* (3:33a). Segundo ele, a coloração azulada ao redor da chama simboliza a Presença Divina, *Shechináh*, em hebraico.

No entanto, é preciso praticar esse tipo de meditação para entender do que fala o *Zôhar*. Deve-se meditar em uma sala escura, com a vela a uma distância considerável da parede, a fim de que não incida nenhuma luz sobre esta. Mais uma vez, utiliza-se a técnica-padrão de contemplação, deixando a chama preencher toda a mente e percebendo as cores na chama – o branco, o amarelo e o vermelho, cada cor e gradação de cor sendo extremamente significativa. Percebem-se o calor e a energia que irradiam da chama e, como no caso da força das mãos anteriormente mencionada, atinge-se um nível no qual se consegue, de fato, enxergar essas energias abstratas.

O próximo passo é concentrar-se no escuro ao redor da chama. A escuridão da sala transforma-se em uma escuridão profunda, palpável, percebida pelo meditante como uma treva aveludada que parece irradiar escuridão. Isto pode ser análogo ao "fogo negro" ou "lâmpada de escuridão", analisados na literatura talmúdica e no *Zôhar*. Nesse sentido, experimentar a escuridão pode ser mais profundo do que experimentar a luz.

À medida que se aprofundar na meditação, o meditante começará a enxergar um campo azul-celeste ao redor da escuridão. A cor negra estende-se até certa distância em volta da chama, mas ao redor dela surge a percepção de um azul-celeste absolutamente puro. Essa será a coloração azul-celeste mais bonita que alguém já viu, semelhante àquela que envolve o céu de verão na Terra Santa. A coloração adquirirá uma beleza quase assombrosa.

É óbvio que a cor azulada não é uma realidade física; não passa de uma criação da mente. No entanto, segundo o *Zôhar*, trata-se da revelação do espiritual. Em certo sentido, significa que o meditante está enxergando a essência espiritual da luz irradiada pela chama.

Segundo algumas fontes, é possível ter visões nesse campo do azul em técnicas meditativas mais avançadas (ver *Sêfer Yetsiráh*, o Livro da Criação, 1:12). Além disso, na revelação no monte Sinai, quando os israelitas tiveram uma visão do Divino, enxergaram "debaixo de Seus pés (...) um pavimento de safira, tão pura como o próprio céu" (Ex. 24:10). De forma semelhante, quando o profeta Ezequiel vislumbrou o Trono da Glória, ele o descreveu como sendo da cor da safira (Ez. 1:26). O azul, portanto, está sempre associado à visão e à profecia.

Esse tipo de meditação é importante por vários motivos. Em primeiro lugar, proporciona uma experiência do "fogo negro" e da "irradiação do escuro", e ambos são conceitos importantes nas fontes cabalísticas. Como veremos, o "fogo negro" desempenha um papel importante em outros tipos de meditação judaica.

Em segundo lugar, ao aprender a enxergar a aura azulada ao redor da vela, aprende-se a enxergar auras de modo geral, já que a aura é um campo colorido que aparece também ao redor de pessoas e objetos. Para enxergar essa aura, pode-se começar mantendo o olhar fixo nas mãos contra um fundo bem branco ou um céu azul bem límpido. A pessoa acabará vendo algo semelhante a uma região de certa coloração que, de algum modo, é diferente do objeto ou da atmosfera que o cerca. Essa área difusa de cor parece estender-se para fora, em uma distância de cerca de meio centímetro do objeto. No início pode ser difícil enxergá-la, mas, com a prática, a aura torna-se bastante nítida. A contemplação aumenta de forma impressionante a capacidade de enxergar a aura.

Nas fontes cabalísticas, essa aura é conhecida como *tzélem*. Alguns mestres espirituais, como o Ari, por exemplo, conseguiam determinar a saúde espiritual de uma pessoa com base na aura. A leitura de auras, porém, é um assunto que foge à alçada deste livro.

A cor azul também é associada ao espiritual de outras formas. Um mandamento importante diz respeito às franjas que um dia ornamentaram as pontas de todas as vestimentas judaicas. Atualmente, só as encontramos no *talít*, o xale com franjas usado pelos homens nas orações. Em tempos remotos, um dos fios da franja deveria ser tingido de azul-celeste brilhante, utilizando-se um corante extraído de um caramujo (ver Nm. 15:38). Embora não mais usado, o azul era tido como altamente significativo.

O Talmude nos proporciona uma meditação contemplativa com base no fio azulado da franja. Segundo ele:

A franja é azul;
Azul é a cor do mar;
O mar é da cor do céu;
E o céu tem a cor do Trono da Glória.

Pode-se, portanto, utilizar o fio azul da borla como um objeto de meditação contemplativa, preenchendo-se a mente com essa cor azul-celeste de modo que nada mais exista no mundo. Pode-se, ainda, meditar sobre a associação e enxergar o azul na forma do mar. É claro que, uma vez que o tom do azul advém de uma criatura aquática, com essa meditação alcança-se a fonte do azul. Mas também se experimentam a tranquilidade do oceano e a serenidade de suas profundezas.

O próximo passo é associar o azul do mar com o do céu. Nesse momento, os pensamentos do meditante deslocam-se para as alturas, cada vez mais alto, até o ponto mais alto do céu. É então que os pensamentos penetram nos céus e o meditante aproxima-se do Trono da Glória. Portanto, ao contemplar a cor azul, o meditante é conduzido a um plano espiritual completamente diferente. No entanto, o mais significativo é o fato de esse tipo de meditação ser descrito no Talmude com todas as letras.

É ainda significativo que, nas fontes cabalísticas, essa coloração azulada de safira também seja associada ao "terceiro olho". Um dos motivos é que essa cor não é vista com os olhos físicos, mas com um olho mental ou espiritual. Nesse tom de azul, podem-se ter visões imperceptíveis aos olhos físicos.

Há outro tipo de contemplação bem simples e direta. Trata-se da contemplação do nome mais sagrado de Deus, o Tetragrama de quatro letras, יהוה – YHVH. Essa contemplação apresenta uma série de vantagens importantes. A mais óbvia é a de que, sendo o nome mais sagrado de Deus, ela fornece um elo direto com o Divino.

Deve-se ter consciência de que é estritamente proibido pronunciar esse nome, porque é o mais sagrado dos nomes conferidos a Deus e está relacionado com todos os níveis espirituais. Mas justamente por esse motivo é um nome que pode ser usado como uma escada, pela qual a pessoa pode estabelecer um elo entre ela e os níveis de maior elevação espiritual.

Para utilizar esse método de contemplação, deve-se escrever este nome de Deus em um cartão ou folha de papel e colocá-lo em um local de fácil visualização, para que seja usado como objeto de contemplação segundo os modos convencionais.

É possível amplificar essa contemplação por meio da meditação mântrica. Mais uma vez, o mantra *Ribonó shel Olám* pode ser bastante útil, pois então o meditante estará estabelecendo um elo direto com Deus, por meio do mantra e também da contemplação.

Para que este tipo de contemplação seja bastante significativo, o meditante deve conhecer o significado das quatro letras que compõem o nome de Deus. Conforme já mencionei, o Tetragrama é escrito na forma יהוה – YHVH, consistindo nas quatro letras hebraicas י – *yod*, ה – *heh*, ו – *vav*, e ה – *heh*. Essas quatro letras possuem um significado muito especial.

Esse nome pode ser compreendido com base em um antigo ensinamento cabalístico, segundo o qual as quatro letras encerrariam o mistério da caridade.

Segundo esse ensinamento, a primeira letra, י – *yod*, simboliza uma moeda, pois é pequena e simples como uma moeda.

A segunda letra, ה – *heh*, simboliza a mão que dá a moeda. Cada letra no alfabeto hebraico também representa um número. Uma vez que o ה – *heh* é a quinta letra do alfabeto, tem o valor numérico cinco, numa alusão aos cinco dedos da mão.

A terceira letra, ו – *vav*, simboliza o braço estendido, num gesto de ofertar. Essa letra tem o formato de um braço. Além disso, em hebraico, a palavra *vav* também significa "gancho" e, portanto, denota uma conexão. De fato, em hebraico, a palavra para a conjunção "e" é representada pela letra ו – *vav* como prefixo da palavra seguinte.

Já a quarta letra, o ה – *heh* final, é a mão daquele que aceita a moeda.

Essa é a essência da caridade em um nível terreno. Contudo, a "caridade" também pode ser entendida em escala divina. O maior ato de caridade possível é aquele ofertado por Deus – a própria existência. Não temos nenhum direito sobre a existência e não podemos exigi-la de Deus como um direito nosso. Portanto, ao dar-nos a existência, Ele está realizando um ato de caridade.

Como essa "caridade" é simbolizada pelo Tetragrama, as quatro letras representam o mistério do elo criador entre Deus e o homem.

Mais uma vez, י – *yod* simboliza a moeda. No entanto, agora não se trata de um pedaço de prata ou bronze, mas da própria existência. Sendo a décima letra do alfabeto hebraico, י – *yod* corresponde ao número dez. Assim, segundo os cabalistas, trata-se de uma alusão aos Dez Ditos da Criação. O conceito dos Dez Ditos pode ser encontrado até mesmo no Talmude, e não é necessariamente um ensinamento místico. No relato da Criação, no Gênesis, a expressão "E Deus disse" aparece dez vezes; estes são os Dez Ditos que constituem todo o ato da Criação e, portanto, a "moeda" da existência que nos foi ofertada por Deus.

A letra ה – *heh* do nome é a mão de Deus, que detém a existência que Ele deseja nos ofertar. ו – *vav* é Seu braço estendido em nossa direção, para nos dar a vida. A última letra ה – *heh* é a nossa mão, que aceita a existência. É claro que até essa mão é oferta de Deus. Assim, Deus nos concede até mesmo a mão pela qual recebemos a existência.

É isso o que de fato podemos chegar a ver quando olhamos fixamente para as quatro letras do Tetragrama.

Começa-se pela contemplação de י – *yod*, a menor letra do alfabeto hebraico, quase um ponto. Contempla-se a letra י – *yod* enxergando-a como o ponto inicial da Criação, dos Dez Ditos que fizeram a Criação surgir do nada.

Em seguida, contempla-se a primeira letra ה – *heh* do nome. Esse é o nível do Divino em que surge um receptáculo ou vaso para conter o poder abstrato de Criação. Vislumbra-se Deus com o poder da Criação nas mãos, pronto para nos ofertá-la. A abertura no topo de ה – *heh* é o canal que emana de Deus, enquanto a abertura no fundo é o canal de Sua ligação conosco. ה – *heh*, portanto, é vista como a mão de cinco dedos (com base no seu valor numérico) e como um canal para as forças da Criação.

Contempla-se, então, a letra ו – *vav*, símbolo do poder de Deus estendendo-se até nós, querendo exercer a doação.

A letra mais importante é a ה – *heh* final. Ela é a mão do homem, a mão que recebe o que Deus tem para ofertar. Ela representa nossa capacidade de receber de Deus.

A conexão entre ו – *vav* e ה – *heh* é extremamente importante, pois trata-se da ligação entre Aquele que dá e aquele que recebe. Só depois de estabelecer essa ligação é que podemos receber algo de Deus.

Para o Talmude e a Cabala, as letras do alfabeto hebraico possuem um incrível poder espiritual. O Talmude faz o seguinte comentário sobre Betsalél, o arquiteto do Tabernáculo construído pelos israelitas logo após o Êxodo: "Betsalél sabia combinar as letras que criaram o céu e a terra". Uma vez que o mundo foi criado com os Dez Ditos, ou seja, palavras, e esses ditos consistem em letras, elas são consideradas os ingredientes primordiais da criação. Portanto, ao se contemplar o Tetragrama, as letras funcionam como um meio de conexão entre o meditante, Deus e o processo de Criação.

Há outra maneira de encarar as quatro letras do Tetragrama. As duas primeiras, י – *yod* e ה – *heh*, representariam as forças masculinas da Criação. As duas restantes, ו e ה, representariam as forças masculina e feminina da Divina Providência.

Essa acepção assemelha-se bastante à analisada anteriormente. A primeira letra do Tetragrama, י – *yod*, seria a "moeda", os Dez Ditos da Criação. É a "semente" da Criação, o elemento masculino, que deve ser depositada no útero da Criação, simbolizado pelo primeiro passo ה – *heh*, para que comece a frutificar. ה – *heh*, portanto, significa tanto a mão quanto o útero. Ambos apresentam a conotação de "conter algo", embora o simbolismo seja diferente.

As duas últimas letras, ו – *vav* e ה – *heh*, representam os poderes masculino e feminino da Divina Providência, que simboliza o poder pelo qual Deus dirige o mundo. Nesse caso, ו – *vav* representa a "semente" da Providência, o ímpeto inicial que emana de Deus. Em certo sentido, é o braço de Deus, o braço da Criação, estendendo-se para dirigir o mundo por Ele criado. A última letra, ה – *heh*, é a mão do homem, aceitando a Providência de Deus, ou, ainda, o útero que recebe e contém as forças da Providência. A pequena abertura no topo da letra ה – *heh* é a abertura pela qual penetra a "semente", enquanto a grande abertura no fundo é o local de onde emerge a "criança".

É claro que as forças da Criação nunca podem ser separadas; se assim fosse, o mundo cessaria de existir. Já as forças da Providência podem ser separadas, como quando Deus "deu as costas ao mundo". Quando as forças masculina e feminina da Providência são separadas, a letra ו – *vav* é separada da letra final ה – *heh*.

Nessa meditação, pode-se unir a letra ו – *vav* à ה – *heh* final. Nos textos da Cabala, isto é conhecido como unificação, *yichúd*, em hebraico, e serve para abrir a pessoa às forças da Providência, conscientizando-a da orientação divina em sua vida. Uma vez que ה – *heh* simboliza a mão que recebe de Deus, ao uni-la com ו – *vav* a pessoa torna-se mais consciente da Presença Divina.

Enquanto mantemos os olhos fixos no nome sagrado de Deus, escrito em um cartão ou pergaminho, o preto da escrita torna-se ainda mais negro e o branco do cartão, mais branco. Por fim, o meditante vislumbra o nome como se estivesse escrito com "fogo negro sobre fogo branco". É interessante observar que, segundo o *Midrásh*, a Torá primeva foi escrita dessa maneira, com "fogo negro sobre fogo branco".

Após envolver-se com esse tipo de meditação durante algum tempo, o meditante perceberá que o "fogo" começará a queimar o nome de Deus em sua mente, de modo que ele conseguirá visualizar o nome com facilidade, sem precisar mais do papel. Isso implica o método de visualização, outra técnica importante da meditação judaica, assunto do próximo capítulo.

CAPÍTULO 8

VISUALIZAÇÃO

JÁ FALEI SOBRE AS IMAGENS QUE NOS VÊM À MENTE quando estamos de olhos fechados. Uma prática importante em meditação é aprender a controlar essas imagens. Quando aprendemos a controlá-las, também aprendemos a retê-las no olho da mente. Esta técnica é conhecida como visualização.

Um modo simples de começar essa prática é fechar os olhos e tentar visualizar uma letra do alfabeto, a letra A, por exemplo. Se você conhece o alfabeto hebraico, tente visualizar a letra א – *álef*. Como existem meditações judaicas que utilizam essa letra, vou usá-la como exemplo, embora seja possível utilizar qualquer outra letra ou figura.

Para iniciar a prática meditativa da visualização, feche os olhos e relaxe, deixando que as imagens se acalmem no olho da mente. Caso esteja praticando a meditação mântrica, talvez você queira utilizá-la como um mecanismo de relaxamento. Seja como for, após alguns minutos, ficará mais fácil controlar as imagens no campo visual.

Depois que o campo visual estiver relativamente sereno, pode-se começar a tentar visualizar a letra א – *álef*. Você pode escrever a letra em um cartão e procurar definir sua imagem na mente. Em seguida, feche os olhos e tente visualizar a letra. Tente enxergá-la com os olhos fechados da mesma forma que a enxerga com os olhos abertos.

No início, talvez seja extremamente difícil controlar as imagens visualizadas no olho da mente. Se a pessoa estiver fazendo isso pela primeira vez, achará praticamente impossível controlar as imagens. O nome do objeto a ser visualizado é uma ajuda importante na visualização. Se estiver tentando visualizar a letra א – *álef*, você deve repeti-la a si mesmo periodicamente. Talvez até sinta vontade de repeti-la seguidamente, como se fosse um mantra. Esse procedimento não só relaxa o campo visual, como também fixa a mente na letra א – *álef*. Repetir a letra, como se fosse um mantra, a trará para o olho da mente.

Iniciar o exercício de visualização com uma meditação contemplativa é outra boa ajuda. Se você desejar visualizar a letra א – *álef*, fique inicialmente vários dias contemplando a letra, escrita em um cartão, durante cerca de vinte minutos por dia. Isso servirá para fixar a imagem na mente. A partir daí, será muito mais fácil fixar a letra no campo visual com os olhos fechados.

Se ainda assim você encontrar dificuldade, tente dividir a sessão de meditação entre visualização e contemplação. Em uma sessão de trinta minutos, passe os primeiros quinze minutos contemplando a letra א – *álef* com os olhos abertos, e durante os quinze minutos restantes feche os olhos e tente visualizá-la.

A habilidade em praticar esse exercício varia de pessoa para pessoa. Algumas conseguem visualizar logo na primeira tentativa, enquanto outras levam semanas até conseguir visualizar a letra. Contudo, com paciência e perseverança, trata-se de uma prática que quase todos poderão realizar a contento.

Mesmo depois de conseguir retratar a letra no olho da mente, para a pessoa normal será possível reter a imagem apenas por alguns segundos. Depois, como todas as imagens desse tipo, ela se dissolverá em outras imagens. Com o tempo e a prática, você desenvolverá a habilidade de reter a imagem de forma clara e precisa no olho da mente por períodos mais longos. Ao conseguir isso, você terá percorrido um longo caminho no controle dos processos mentais.

A habilidade em reter uma imagem no olho da mente é exaustivamente discutida nos textos cabalísticos que lidam com meditação. O *Séfer Yetsirá* refere-se a dois processos para retratar as letras, "gravação" (*chakikáh*) e "entalhe" (*chatsiváh*). Os dois processos são considerados importantes se o meditante pretende utilizar as letras. Como discutimos no capítulo anterior, as letras hebraicas são vistas como canais das forças da Criação e, como tais, podem ser usadas como meios poderosos para fazer fluir a energia espiritual. Contudo, a "gravação" e o "entalhe" também são úteis para formas menos esotéricas de meditação.

O termo "gravar" indica a fixação de uma imagem no olho da mente de modo que ela permaneça imóvel. Não importa que outras imagens apareçam no campo visual, a imagem gravada permanece lá, como se estivesse realmente gravada na mente. Depois que a pessoa consegue isso, ela consegue retratar a imagem assim que começa a meditar, quase como um reflexo.

Contudo, mesmo quando a imagem é bem clara e estável – "gravada" na mente, digamos –, ela costuma ser envolvida por outras. O próximo passo é isolá-la. Se, por exemplo, o meditante estiver tentando visualizar a letra א – *álef*, ele deverá tentar isolá-la e limpar o olho da mente de todas as outras imagens. Isso é conhecido como "entalhe", ou *chatsiváh*. A analogia é com a ideia de entalhar uma letra na pedra, destacando-a da rocha circundante. O processo consiste em definir a letra que se deseja e, então, desbastar o material que estiver sobrando em volta. Na mente, fazemos o mesmo arrancando todas as imagens externas ao redor da forma desejada, restando apenas essa imagem.

Há várias formas de "desbastar" imagens circundantes. Uma delas é substituir todas as imagens mentais diferentes da letra א – *álef* por um branco puro. Primeiro, focaliza-se o א – *álef*, deixando-o preencher a mente. Em seguida, gradualmente, eliminam-se as imagens ao redor do א – *álef*, substituindo-as por fogo branco. Imagine o fogo branco queimando todas as outras imagens. Comece com uma pequena chama de fogo branco no alto da letra, usando-a para queimar uma pequena porção das imagens. À medida que o fogo for se movimentando ao redor do א – *álef*, deixe-o queimar extensões cada vez maiores. Finalmente, restará apenas a própria letra א – *álef* escrita em fogo negro sobre fogo branco.

De modo geral, uma técnica de visualização como essa é muito útil e pode ser usada em outros tipos de meditação judaica. Muitos clássicos cabalísticos falam sobre *yichudím*, ou "unificações", rapidamente abordadas no capítulo anterior. Na grande maioria dos casos, o método de meditação dos *yichudím* envolve as imagens mentais de vários nomes de Deus e a manipulação das letras. De modo geral, trata-se de um método altamente avançado, requerendo algum conhecimento da Cabala[2].

Uma boa introdução ao método dos *yichudím* envolve a visualização do Tetragrama, יהוה – YHVH. Esse método é semelhante à técnica de contemplação do Tetragrama descrita no capítulo anterior. No entanto, ele é realizado sem qualquer ajuda externa. Significativamente, um exercício que envolve a visualização do Tetragrama é mencionado no *Shulchán Arúch*, o código-padrão da lei judaica. Ele também serve de introdução a várias outras técnicas mais avançadas, analisadas na Cabala.

Ao visualizar o nome de Deus, o meditante pode sentir-se imensamente próximo a Ele. De fato, é possível sentir a presença de Deus e experimentar um sentimento profundo de sublime reverência e espanto. Várias fontes judaicas clássicas encontram uma alusão a essa visualização no versículo "Tenho sempre יהוה – YHVH à minha frente" (S1.16:8). Esse tipo de visualização também é útil durante a oração e a adoração.

---

2. Em meu livro *Meditation and Kabbalah* apresentei uma série de *yichudím* importantes, na íntegra.

MEDITAÇÃO JUDAICA ▪ 101

Mais uma vez, pode-se utilizar a contemplação como uma introdução à visualização. Se você encontrar dificuldade em visualizar o Tetragrama, passe alguns dias contemplando o nome, escrito num cartão ou pedaço de papel. Pode-se passar a metade da sessão contemplando o nome escrito e a outra metade visualizando-o com os olhos fechados. Após algum tempo, você conseguirá visualizá-lo sem precisar utilizar o cartão.

Após acostumar-se a visualizar o nome, você poderá utilizá-lo para o *yichúd* simples, discutido no capítulo anterior. Conforme observamos, a letra ו – *vav* e a letra final ה – *heh* do nome representam as forças masculina e feminina da Divina Providência. Quando separadas, não há conexão entre Deus e o mundo; há apenas Sua energia de Criação. Portanto, tal qual um homem e uma mulher apaixonados, o ו – *vav* e o ה – *heh* anseiam pela união, por levar o poder de Deus para o mundo inferior. Unidas as letras, a presença de Deus fica palpável e torna-se possível ter uma experiência muitíssimo intensa do Divino.

Atinge-se o *yichúd* pela visualização do nome divino, יהוה – YHVH. Focalize as letras ו – *vav* e ה – *heh*, conscientizando-se do desejo de união dessas duas letras. Quando as duas letras não mais suportam a separação, elas finalmente se unem, liberando uma corrente espiritual sentida pelo meditante como uma torrente de energia divina, fluindo pelo corpo e pela mente. O meditante é banhado pela experiência espiritual e subjugado por ela, abrindo-se completamente, como um recipiente, para o Divino.

Após conseguir o domínio da visualização, existem outros métodos mais avançados à disposição do meditante. Um deles, mencionado nas fontes cabalísticas, é o de imaginar o céu abrindo-se e perceber a si mesmo ascendendo aos domínios espirituais. O meditante eleva-se pelos sete firmamentos, um por um, até alcançar o céu mais elevado. Nesse nível, confirma-se na mente uma imensa cortina branca, infinita, preenchendo a mente por completo. E o meditante visualiza, escrito nessa cortina, o Tetragrama.

O negro das letras e o branco da cortina são intensificados, até que as letras assemelham-se ao fogo negro sobre fogo branco. Pouco a pouco, as letras do Tetragrama se expandem, até ficar parecidas com imensas montanhas de fogo negro. Quando as quatro letras preenchem a mente por completo, o meditante sente-se como que engolido pelo nome de Deus.

Em um estágio ainda mais avançado, as letras parecem estar mais do que simplesmente escritas na cortina branca; elas parecem objetos sólidos, com profundidade e espessura. O meditante praticamente consegue entrar nas letras, sendo envolvido pela sua essência por todos os lados.

Por último, pode-se atingir o estágio em que as letras apresentam-se como seres vivos, como se cada uma fosse um anjo. O meditante conscientiza-se de modo assombroso da força viva e da energia espiritual em cada letra, bem como do significado das letras e do fluxo de energia entre elas; conscientiza-se, ainda, da unificação d'Aquele que dá com aquele que recebe, e dos componentes últimos – masculino e feminino – da Criação.

Esses últimos métodos podem levar a pessoa a níveis espirituais muito elevados e não devem ser praticados de forma irresponsável. As fontes antigas declaram que, antes de tentar qualquer um desses métodos mais avançados, a pessoa deve passar o dia inteiro preparando-se, recitando os salmos e estudando a Torá. Antes de começar a meditação, ela deve banhar-se em um *mikvêh* (um banho ritual), ou em qualquer outra fonte de água natural, para purificar o corpo e o espírito. Alguns textos também afirmam que se devem vestir roupas inteiramente brancas para essas meditações avançadas.

Esse tipo de visualização pode ser perigoso e só deve ser realizado junto com um mentor espiritual experiente, ou um companheiro de meditação. O *Baal Shem Tov* recomendava que a prática de meditação avançada fosse sempre feita junto com um companheiro. Assim, se necessário, há sempre uma pessoa que pode trazer a outra de volta ao mundo real.

A visualização é valiosa por outro motivo. Em formas mais profundas de meditação, é comum a aparição de visões. Como já discutimos anteriormente, essas visões não devem ser levadas muito a sério. A menos que a pessoa esteja em um nível muito avançado e praticando sob a tutela de um mentor experiente, essas visões, quase sempre, são espúrias. Recomenda-se, portanto, que sempre que aparecer uma visão ela seja eliminada da mente. Quando se aprende a controlar a visualização, isso fica bem mais fácil. Algumas fontes recomendam que, quando surgir uma visão, ela seja substituída pelo Tetragrama.

Quando se aprende a controlar as imagens no olho da mente, é bem menos provável que tais visões apareçam, e a meditação torna-se mais pura, não sendo perturbada por efeitos colaterais de um plano inferior.

CAPÍTULO 9

O NADA

MEDITAR SOBRE O NADA foi um tópico discutido brevemente em um capítulo anterior. Na verdade, trata-se de um tipo de meditação bastante avançada que não deve ser praticado por iniciantes. Sua prática deve ser feita tão somente com a orientação de um mentor espiritual, e o meditante nunca deve fazê-la sozinho. Dedicarei este capítulo a esse tipo de meditação porque se trata de uma técnica intimamente relacionada aos métodos de visualização, importante na compreensão de uma série de aspectos do misticismo e da meditação judaica.

Após alcançar o domínio das técnicas de visualização, é possível tentar visualizar o puro Nada. O Nada não encontra um correspondente no mundo real; logo, deve-se ser capaz de criar uma percepção do Nada na mente. Trata-se de uma técnica útil para atingir a proximidade com Deus e alcançar uma realização do *self*.

Como ocorre com outras técnicas avançadas, esta também pode ser extremamente perigosa. O meditante nunca deve praticá-la sozinho, pois pode ser "tragado" pelo Nada e não conseguir retornar. Portanto, esse tipo de meditação deve ser feito sempre em companhia de um companheiro ou de um mentor espiritual.

Antes de iniciarmos a discussão propriamente dita sobre essa meditação, devemos ter uma ideia da aparência do Nada. Nossa

104

primeira ideia pode ser a da escuridão de um espaço vazio. O vazio cósmico pode ser visto como algo próximo ao Nada. Para pessoas com prática em visualização, é bastante fácil visualizar um espaço vazio e o puro vazio da escuridão. De fato, esse pode ser o primeiro passo para a visualização do Nada, mas isso não é o Nada. Espaço é espaço e escuridão é escuridão – nenhum dos dois é o Nada.

O próximo passo para visualizar o Nada seria tentar visualizar um espaço puro, completamente vazio, transparente, sem qualquer cor como pano de fundo. Pode-se imaginar estar olhando um cristal puro e incolor, cuja transparência se estendesse até o infinito. Segundo alguns comentários, esse é o símbolo do "pavimento de safira", que os israelitas viram sob os pés de Deus (Ex. 24:10). Esses comentários traduzem a expressão hebraica *livenát ha-sapír* como "transparência do cristal" e não como um "pavimento de safira". Segundo eles, a expressão relaciona-se com a meditação na qual se produz a imagem mental de uma transparência total, sem cor alguma. Primeiro, visualiza-se a transparência do cristal e, em seguida, a transparência de um espaço vazio totalmente incolor.

Uma forma de fazer isso é produzir uma imagem mental do ar à sua frente. Trata-se de algo completamente transparente e, portanto, impossível de ver. Focaliza-se o ar, mas o que se vê é o que está do outro lado do recinto. Utilizando-se a técnica do "entalhe", descrita no capítulo anterior, é possível livrar-se dessa imagem do outro lado e ficar tão somente com a imagem do ar transparente ao seu redor – transparência pura, sem forma nem cor.

Anos atrás, descobri que essa é uma técnica bastante útil para experimentar a presença de Deus. Um ensinamento importante no judaísmo afirma a onipresença de Deus, preenchendo inteiramente toda a Criação. A afirmação mais clara a esse respeito está contida no versículo: "Sua glória preenche toda a terra" (Is. 6:3). Deus preenche toda a Criação e está presente até mesmo no ar que nos envolve. Portanto, poderíamos contemplar o ar à nossa volta e imaginá-lo preenchido pela presença de Deus. Isso nos faria sentir intensamente a proximidade de Deus.

No entanto, embora essa técnica implique produzir uma imagem mental do espaço vazio transparente, o que é visualizado continua sendo o espaço; não é o Nada.

Qual a aparência do Nada, afinal?

Ensina-se que "nada" é o que vemos atrás da nossa cabeça. É claro que, se o campo da visão não se estende até a parte posterior da cabeça, não se pode ver nada ali. Em outras palavras, vê-se o Nada.

Esse ensinamento pode ser utilizado como uma contemplação. Tente contemplar o que você vê atrás de sua cabeça. Com a prática, é possível transformar tal imagem vazia em um objeto de contemplação. Essa é uma técnica poderosa para obter uma ideia do que seja o puro Nada.

Na Bíblia, parece que essa técnica ou outra semelhante era utilizada como preparatória para a profecia. Há uma série de referências a vozes e sons que parecem vir de trás. Em Ezequiel, por exemplo, temos o seguinte comentário: "O espírito ergueu-me, enquanto ouvia um ruído, um ribombar tremendo atrás de mim, o qual dizia: 'Bendita seja a glória do Senhor desde a Sua morada'" (Ez. 3:12). Da mesma forma, a respeito de certo grau de revelação, o profeta disse: "Os teus ouvidos ouvirão uma voz atrás de ti" (Is. 30:21). Isso parece indicar que, ao meditar sobre o Nada localizado atrás de nossas cabeças, nos abrimos para a experiência da profecia.

Já outras fontes apontam para a contemplação do que se vê dentro da mente. Trata-se de um método discutido pelo rabi Abraão Abuláfia, um dos mais importantes escritores sobre a meditação cabalística. É claro que o que vemos dentro da mente também é o Nada; logo, a experiência é essencialmente a mesma.

Pode levar anos até que se consiga visualizar perfeitamente o Nada. Não é uma prática fácil. Contudo, depois que a pessoa consegue uma boa imagem do Nada, ela pode utilizá-la como uma técnica de visualização poderosa. De todas as imagens possíveis de ser visualizadas, o Nada é a mais pura.

Visualizar o Nada é também uma técnica utilizada nos exercícios de meditação mais avançados. Se o meditante conseguir fixar a mente no Nada e, ao mesmo tempo, limpá-la de todos os pensamentos, sua mente ficará inteiramente "em branco". Nesse momento, a mente alcança o auge da sensibilidade, aberta para as experiências mais sutis possíveis. Trata-se, pois, de uma técnica importante para a experiência do espiritual.

Às vezes, essa experiência pode ser traumática. Quando alguém concentra a mente na visualização do Nada, e limpa a consciência de todos os outros pensamentos, a mente torna-se tão sensível que a menor sensação pode ser esmagadora. É como colocar o rádio no volume máximo, de modo que o som mais tênue transforma-se num rugido. Mas, por outro lado, é somente com o volume no máximo que se podem ouvir os sinais mais fracos.

Nesse estado, até mesmo os pensamentos mais aleatórios, escondidos em algum canto da mente, são percebidos como verdadeiros terremotos mentais. Antes de continuar, então, é preciso abafar completamente todos os pensamentos. Finalmente, depois de aquietar todos os pensamentos, pode-se ter a experiência do espiritual, que envolve um profundo sentimento de temor, vergonha e humildade.

Para alguns cabalistas, esse é o mistério da visão de Ezequiel. Bem no início de sua visão, o profeta diz: "Eis a visão que tive: vi um vento tempestuoso que soprava do norte; uma grande nuvem e um fogo relampejante..." (Ez. 1:4). Pelos ensinamentos do *Zôhar*, o vento, a nuvem e o fogo são as três barreiras que o profeta deve atravessar antes de entrar nos domínios do Divino.

"Um vento tempestuoso" foi o que primeiro experimentou Ezequiel. No entanto, há dois significados para essa expressão, pois a palavra hebraica para vento é *rúach*, que também significa "espírito". O que Ezequiel viu, portanto, também pode ser interpretado como um "espírito tempestuoso", que pode ser relacionado com a primeira experiência mencionada anteriormente. Quando a mente está completamente vazia, todas as suas agitações normais são violentamente intensificadas. Essa seria a barreira do "vento tempestuoso", pela qual deve passar o profeta.

A segunda barreira é "a grande nuvem". Ela simboliza o ocultamento e a eliminação de todos os pensamentos, uma opacidade da mente, quando nada é visto ou experimentado. É uma barreira que pode facilmente desencorajar o profeta se ele não persistir na vontade de ir além. Enquanto tenta ascender, ele enfrenta uma barreira de nuvens que lhe tolda a visão e tem de lutar para ultrapassá-la.

A última barreira é "o fogo relampejante", que simboliza o temor e a vergonha experimentados pelo profeta assim que ele adentra os domínios espirituais. Em toda a Bíblia, o fogo é uma metáfora para a vergonha e para o temor. O fogo queima, resultando em uma dose excessiva de sensações tão intensas que não se consegue tolerá-las. Assim, enquanto a nuvem simboliza a eliminação das sensações, o fogo é o seu oposto, simbolizando a superabundância de sensações. A nuvem diz ao profeta que só enxergará aquele que for digno de ver, enquanto o fogo demonstra que essa pessoa pode também estar em perigo.

É desse modo que a meditação sobre o Nada abre as portas para a profecia. É também por meio dela que se pode entrar em contato com o *self* mais profundo, o que, por sua vez, dá margem à pergunta: o que é o *self*?

Geralmente, quando pensamos em nós mesmos, a primeira coisa que nos vem à mente é o nosso corpo. É quase um ato reflexo. Peça a alguém que aponte para si mesmo e ele quase sempre apontará em direção ao próprio peito. Talvez, se a pessoa for mais perceptiva, ela aponte para a cabeça, para o cérebro, indicando achar que a mente é mais representativa do *self* que o corpo.

Os cabalistas consideram que o corpo não é o *self*. Se eu posso dizer "*meu* corpo", então ele não é "eu". O corpo é "meu" – algo associado ao "eu", mas o "eu", em última análise, é muito mais profundo que o corpo. Valendo-se do mesmo argumento, também posso dizer "*minha* mente". De fato, digo "minha mente", do mesmo modo que falo "meu corpo". Isso implicaria dizer que, do mesmo modo que o corpo não é o "eu" verdadeiro, a mente também não é. Aprofundando a questão, posso também falar de "minha alma". Isso implicaria dizer que mesmo a alma não é o verdadeiro "eu".

Assim, a questão da individualidade torna-se realmente difícil. O que é o verdadeiro "eu"? Uma possível pista para a resposta pode ser encontrada na palavra hebraica para "eu", אני – *aní*. É interessante observar que, quando as letras de *aní* são rearrumadas, elas formam a palavra אין – *áin*, que significa "nada". Isso equivaleria a dizer que o verdadeiro "eu" seria o Nada encerrado dentro de mim.

Isso pode ser entendido de um modo bem mais direto. O verdadeiro "eu" é o meu sentido de vontade. É minha vontade intangível que me impele a fazer o que eu decidir fazer. Mesmo ao pensar, primeiro tenho de ter a vontade de pensar. Nesse sentido, a vontade é maior que o pensamento. É óbvio que o "eu" diz à minha mente para pensar.

Portanto, o fato de que é preciso primeiro ter a vontade para pensar implica dizer que a fonte da minha vontade está em um nível que ultrapassa o pensamento. É, pois, impossível para mim imaginar a fonte da minha vontade, e não há categoria alguma em minha mente consciente onde eu possa encaixar essa fonte. Portanto, quando tento imaginar a fonte da minha vontade, o verdadeiro "eu", tudo que consigo vislumbrar é o Nada.

Isso ainda pode ser entendido de outra maneira. Já mencionei que existem três coisas aparentemente identificáveis com o *self*: o corpo, a mente e a alma. Também já mencionei que nenhuma delas é o *self*. Contudo, em outro sentido, *self* é uma combinação de corpo, mente e alma. Juntos, os três parecem defini-lo.

Esse raciocínio apresenta uma ramificação importante. Se o corpo, a mente e a alma não são o *self*, mas a combinação dos três o é, deduzo que a sua definição permanece um enigma. Parece, inclusive, que é possível remover o corpo, a mente e a alma e, ainda assim, restar uma centelha do *self*. No entanto, ao remover corpo, mente e alma, sobra apenas o Nada. Mais uma vez, parece que o *self* é o Nada.

Contudo, não se trata de um Nada devido a uma inexistência, e sim devido à falta de uma categoria na mente onde se possa encaixar o *self*. Isso é bastante semelhante à situação do que é possível enxergar atrás da cabeça. Enxerga-se o Nada, não porque não exista nada ali, mas porque não temos um olho na parte posterior da cabeça para conseguir enxergar algo. Quando não se tem um órgão dos sentidos, ou uma categoria na mente onde colocar alguma informação, ela é percebida como Nada.

Isso também pode ser entendido de um modo mais profundo. Se o componente mais básico do *self* é a vontade, isso também deve ser relacionado à Vontade Divina. Nesse sentido, a vontade de uma pessoa advém da centelha divina na própria pessoa. Portanto, quando visualizamos o Nada, estamos, de certo modo, em contato com o Divino dentro de nós.

Isto pode ser entendido tomando-se por base os ensinamentos cabalísticos de que os níveis espirituais mais elevados só podem ser compreendidos em termos do Nada. É preciso, porém, entender qual a acepção de Deus para o judaísmo em geral e para os cabalistas em particular.

Costuma-se dizer que "Deus é espírito", que "Deus é poder", ou que "Deus é amor". No entanto, nenhuma dessas afirmações é verdadeira. De fato, a afirmação "Deus é..." não pode ser completada. Completá-la seria colocar Deus na mesma categoria de alguma outra coisa. Quando se compreende a verdadeira natureza de Deus, percebe-se que isso é impossível.

Essa verdade deriva do ensinamento judaico mais básico, que afirma que Deus é o criador de *todas as coisas*. Essa afirmação tem implicações muito importantes. Em primeiro lugar, significa que mesmo os conceitos mais básicos como a vontade ou a mente são criações de Deus. De fato, o *Zôhar* afirma explicitamente que Deus não possui vontade ou mente em nenhum sentido antropomórfico. Para usar a vontade e a mente para criar o mundo, Deus primeiro teve de criar esses conceitos. Dizer o contrário seria dizer que a vontade e a mente são o mesmo que Deus, o que é impossível.

Até mesmo a lógica deve ser encarada como algo criado por Deus. Se assim não fosse, e se insistíssemos que Deus seria limitado pela lógica, teríamos de afirmar que a lógica é maior do que Deus, ou mais fundamental. Ora, se vemos Deus como o criador de todas as coisas, então Ele também deve ser o criador da lógica. Tal afirmação tem importantes ramificações: se descobrimos paradoxos em relação a Deus, não há problema. Paradoxos não passam de ideias que transcendem a lógica e, uma vez que Deus é o criador da lógica, Ele pode utilizá-la como bem entender, e não ser limitado por ela. É claro que aprendemos que Deus impõe fronteiras a Si mesmo, pela lógica, ao criar o mundo, mas trata-se de um ato voluntário e não de algo intrínseco.

O fato de que Deus criou cada categoria não significa que tudo aquilo para o qual existe uma palavra na linguagem humana deve, necessariamente, denotar algo criado por Deus. A própria palavra "Deus" indica a nossa concepção, e não a Sua verdadeira essência. Uma vez que tudo que é concebível – incluindo qualquer categoria de pensamento que a mente possa imaginar – foi criado por Deus, não existe nada concebível que possa ser associado a Ele.

Digamos que eu queira pensar em Deus. Não existe nenhuma categoria em minha mente onde eu possa encaixá-Lo. Portanto, tentar retratar Deus é como tentar enxergar sem olhar. Quando faço isso, acabo não vendo nada. De forma análoga, quando tento pensar em Deus, minha mente não consegue retratar nada.

A literatura do *Zôhar* expressa tal fato declarando sobre Deus que "Nenhum pensamento jamais poderá apoderar-se d'Ele". O rabi Shneur Zalman de Lyady (1745-1813), um dos maiores místicos judeus, observa que o *Zôhar* utiliza a expressão "apoderar-se", que geralmente é associada a um objeto físico. Ele explica que, "assim como nossas mãos não podem apoderar-se de pensamentos, a mente também não pode apoderar-se de Deus". Nossos sentidos físicos não podem apoderar-se do pensamento nem detectá-lo, e portanto o experimentam como sendo o Nada. O mesmo é válido para o modo como a mente experimenta Deus.

Assim, o mais próximo do pensar em Deus a que podemos chegar é retratar o Nada e perceber que, atrás dele, está Deus. É por esse motivo que a meditação sobre o Nada é vista como um meio de se aproximar de Deus.

Isso não significa que não podemos falar sobre Deus. Como os principais filósofos judeus declaram, as afirmações que fazemos a respeito de Deus são "atributos de ação", que relatam o que Deus faz, ou "atributos de negação", que relatam o que Ele não é. Podemos afirmar que Deus é bondoso, amoroso e onipotente. Contudo, são descrições do que Deus faz e como Ele age, mas não do que Ele é.

É importante perceber que, embora nada possamos dizer *sobre* Deus, é muito fácil falar *com* Ele. Esse, inclusive, é o assunto dos próximos capítulos.

Ao imaginarmos o Nada, devemos entender que isso é o mais perto possível que podemos chegar de uma imagem de Deus. Sem dúvida, isso não significa que Deus é o Nada. Afinal,

Deus é mais real do que qualquer outra coisa existente. Contudo, como não há coisa alguma na mente humana que possa ser relacionada com Deus da forma como Ele realmente é, o Nada é o que há de mais próximo de uma percepção do Divino que podemos alcançar.

Há um método para produzir uma imagem mental disso. A técnica consiste em imaginar as quatro letras do Tetragrama, como no Capítulo 8. No entanto, quando se retiram as imagens circundantes, em vez de substituí-las pelo "fogo branco", deve-se substituí-las pelo Nada. Inicia-se a prática produzindo uma imagem mental de uma pequena área de Nada no topo da letra *yod*. Expande-se essa área de Nada até que ela envolva as quatro letras. Nas primeiras vezes que se tentar esse procedimento, talvez as letras pareçam estar rodeadas por um espaço transparente. Com a prática, pode-se conseguir que as letras sejam envoltas pelo Nada.

Se as letras ficarem suspensas no Nada, a sensação será a de que não há nada ao redor delas. Na verdade, as letras preencherão todo o campo de visão. Ainda assim, as letras não sofrem distorção; muito pelo contrário, o espaço entre elas e ao redor está preenchido pelo Nada. É claro que é preciso passar pela experiência para conseguir imaginá-la. Como a visão panoscópica ou a sinestesia, trata-se de algo que não pode ser descrito.

Outra técnica, ainda mais avançada, consiste em enxergar as letras do Tetragrama atrás do Nada. Nesse caso, elas parecem estar escondidas pelo Nada, tal como Deus. Na verdade, isso é semelhante à visão panoscópica. "Vemos" o Nada, mas, ao mesmo tempo, estamos olhando atrás dele, onde "vemos" as letras do Nome Divino.

Todas essas técnicas são descritas ou aludidas na literatura cabalística. Contudo, mais uma vez, torno a repetir que elas são altamente avançadas. Seu praticante deve ter considerável experiência em técnicas de meditação, e elas não devem ser realizadas sem a orientação de um especialista.

CAPÍTULO 10

CONVERSANDO COM DEUS

DEDIQUEI O CAPÍTULO ANTERIOR a técnicas meditativas altamente avançadas e potencialmente perigosas para iniciantes. Já a técnica a ser discutida neste capítulo é bastante simples e considerada uma das mais seguras. Apesar da simplicidade, muitas pessoas acreditam tratar-se de uma das técnicas mais poderosas dentre todas as encontradas na meditação judaica.

Já mencionei como é difícil falar e até mesmo pensar sobre Deus, um Ser completamente inefável, que ultrapassa os domínios do pensamento e da fala. Ainda assim, embora seja difícil falar *sobre* Ele, é relativamente fácil falar *com* Ele. Quem nunca conversou com Deus, orando com suas próprias palavras? Aquele que acredita em Deus costuma dirigir-Lhe a palavra quando está atravessando uma fase especialmente difícil de sua vida. Quando um ente querido adoece, ou quando nos vemos face a face com o inconfrontável, nossos pensamentos e nossas orações fluem quase que automaticamente em direção ao Ser Supremo. A oração é uma súplica do fundo do coração, do âmago do nosso ser, e a comunicação é simples e direta.

A criança tende naturalmente a orar a Deus. Quando magoada ou só, ela automaticamente chamará por seu Pai no céu. Uma criança que nunca tenha aprendido a rezar pode um dia começar a fazê-lo sozinha. Quando passamos por uma dificuldade extre-

MEDITAÇÃO JUDAICA ■ 115

ma, é como se um instinto dentro de nós nos impelisse a invocar o nome d'Aquele que se encontra além dos domínios do mundo físico.

De modo geral, pelo menos nos dias de hoje, parece que os não judeus costumam rezar mais que os judeus. Parece haver uma crença de que a oração judaica deve ser feita em hebraico, segundo certa maneira, recitando-se determinadas palavras. Muitos judeus ficam surpresos ao descobrir uma tradição de oração espontânea na religião judaica que nunca foi quebrada. Se procurarmos na literatura judaica, encontraremos inúmeras referências a orações pessoais espontâneas. Vários líderes espirituais de renome na cultura judaica consideravam suas próprias orações muito importantes ao seu desenvolvimento espiritual. Na Europa, era muito natural que os judeus fizessem suas súplicas a Deus em iídiche.

Embora várias fontes discorram sobre a oração espontânea, um líder judeu dedicou-lhe um papel central em seus ensinamentos: o rabi Nachman de Bratslav, bisneto de Israel Baal Shem Tov, fundador do Movimento Chassídico. O Baal Shem Tov ensinou que todos deveríamos ter uma estreita relação pessoal com Deus. Rabi Nachman ampliou essa ideia, ensinando que o método mais poderoso de desenvolver essa relação com Deus era a oração pessoal, feita no idioma da pessoa que ora.

Sem sombra de dúvida, não havia a menor intenção de diminuir a importância do sistema formal dos cultos, que consiste no ritual diário de devoção e é de suprema importância ao judaísmo. No entanto, às vezes os cultos podem tornar-se insípidos e estéreis. Já as orações pessoais estão sempre em sintonia com nossos sentimentos mais puros.

Como conversar com Deus? Quando estamos atravessando um período de crise e dificuldades, isso ocorre quase automaticamente. Sentimos necessidade de chamar por alguém e sabemos que Deus está sempre disposto a nos ouvir. Já quando estamos atravessando uma fase tranquila, com tudo correndo a nosso favor, a coisa não funciona com tanta facilidade. Quando está tudo bem, o que temos para falar com Deus? Como iniciar a conversa? Às vezes, chega a ser embaraçoso.

É algo semelhante a reencontrar um parente ou um amigo que não vemos há muito tempo. Quando estamos atravessando um período de dificuldades, é fácil renovar o contato com essas pessoas, pois a própria crise que atravessamos funciona como um ponto de partida para as procurarmos. De forma análoga, em ocasiões especiais é fácil pegar o telefone e dar um alô. Esse é o motivo pelo qual os parentes geralmente só se encontram em casamentos e enterros. Tais ocasiões funcionam como uma desculpa para um encontro depois de um longo período de afastamento.

Não é fácil pegar o telefone e, sem nenhum bom motivo, ligar para um amigo que não vemos há anos. Como justificar a ligação repentina e inesperada? E, talvez o mais difícil, como justificar o longo período sem nenhum contato?

Pelos mesmos motivos, é difícil para muita gente entabular uma conversa com Deus. Por onde devo começar? O que devo dizer? (Pois bem: se for necessário, use este livro como desculpa e diga a Ele: "Acabo de ler um livro que falava em conversar com Deus. Achei que estava na hora, e aqui estou eu".)

Outro problema com o qual nos defrontamos ao tentar conversar com Deus é que, em Sua frente, não nos sentimos à vontade. Sabemos que Deus está a par de nossos pecados e nossas falhas, e nos sentimos envergonhados diante d'Ele. Um judeu pode achar que não está se comportando como deveria, e portanto não tem o direito de se aproximar de Deus como judeu.

Mesmo aqueles que se sentem bem, seja do ponto de vista moral ou religioso (mas será que existe alguém assim?), experimentam um misto de medo e respeito, e não se sentem completamente à vontade ao tentar conversar com Deus. Conta-se que, um dia, o grande líder chassídico rabi Zússia de Hánipol (c. 1720-1800) chegou atrasado à sinagoga. Quando lhe perguntaram o que tinha acontecido, ele respondeu que, naquele dia, ao acordar, começou a fazer suas orações matinais, recitando: "Dou graças diante de Ti etc." (*modé aní lefanêcha*). Pronunciou apenas as três primeiras palavras, e estacou. Ele explicou: "Súbito, percebi quem era o 'eu', e quem era o 'Ti', e então simplesmente perdi a fala e não consegui continuar..."

Isso vem se somar ao que já dissemos sobre a dificuldade que as pessoas enfrentam para iniciar uma conversa com Deus. O Rabi Nachman dedicou muitos pensamentos ao assunto.

É interessante notar que o rabi Nachman não se refere à prática de conversar com Deus como uma oração, e sim como uma meditação. Parece que, nesse caso, a linha que separa oração de meditação é bem tênue, mas existe uma diferença importante. Quando conversamos com Deus espontaneamente, apenas porque sentimos necessidade, estamos fazendo uma oração. Quando fazemos dessa conversa uma prática constante, durante determinado período de tempo, todos os dias, estamos diante de uma meditação. Conforme já mencionado em capítulos anteriores, meditar é uma forma controlada do pensar. Se esse pensamento é uma conversa com Deus, ele certamente é também uma experiência de meditação.

Nesse contexto, o rabi Nachman prescreve um compromisso diário, pelo qual dedicamos certo tempo para conversar com Deus, geralmente cerca de uma hora todos os dias, à noitinha. Em uma sociedade moderna, atribulada como a nossa, muitas pessoas acreditam que vinte a trinta minutos é um período de tempo mais adequado para tal conversa. O importante é fixar a duração dessa conversa e praticá-la todos os dias, sem exceção.

Começar é o mais difícil. O rabi Nachman aconselha sentar-se no local de meditação e falar consigo mesmo: "Nos próximos vinte minutos, estarei a sós com Deus". Essa introdução é significativa, pois assemelha-se ao início de uma "visita". Mesmo que não tenhamos nada a dizer, trata-se de uma experiência válida, uma vez que estamos passando algum tempo a sós com Deus, conscientes de Sua presença. Se ficarmos sentados por tempo suficiente, o rabi Nachman acredita que encontraremos o que dizer.

Aos que sentirem dificuldade em iniciar a conversa, o rabi Nachman aconselha repetir a frase "Senhor do Universo" várias vezes. A conversa, inclusive, pode ser tão somente a repetição dessa frase. Ao proferi-la, deve-se ter consciência de que se está falando para Deus. Com o correr do tempo, os pensamentos fluirão e o meditante encontrará outras formas de se expressar.

A expressão "Senhor do Universo" nada mais é, como vimos, do que a tradução de *Ribonó shel Olám*, uma frase já introduzida como um mantra judaico. Nesse caso específico, ela pode ser utilizada como um preâmbulo para invocar Deus e estabelecer a comunicação.

Se ainda assim você sentir dificuldade em conversar com Deus, o rabi Nachman sugere transformar esta dificuldade em ponto de partida para a conversa. Diga a Deus que gostaria muito de conversar com Ele e explique a sua dificuldade em encontrar palavras para iniciar a conversa. Peça, então, a Sua ajuda para encontrar as palavras certas. Discuta o problema com Ele, como você faria com um bom amigo. Depois que se consegue começar, geralmente é fácil continuar.

O sentimento de distância e separação que sentimos em relação a Deus pode ser outro ponto de partida. Pode-se começar pedindo a Deus que nos aproxime d'Ele, falando a Ele sobre esse sentimento de distância e separação e contando-lhe que gostaríamos de nos sentir mais próximos. Podemos pedir-Lhe que nos ajude a alcançar essa proximidade.

A conversa não precisa variar muito. Pode-se conversar com Deus sobre o mesmo assunto, todos os dias, durante semanas. Afinal, é impossível aborrecê-Lo. Já que se trata de uma meditação, o hábito de manter a conversa é tão importante quanto o seu conteúdo. Ao pedirmos a Deus que nos ajude a conversar com Ele ou que nos aproxime d'Ele, estaremos fazendo um exercício que nos ajudará a desenvolver nossa capacidade de manter a conversa e estendê-la.

Pode-se repetir a mesma frase o quanto quiser e transformar qualquer frase significativa no cerne de toda a meditação. Quando desejar, o meditante pode mudar a frase ou palavra que estiver usando. Com o decorrer do tempo, conseguirá desenvolver uma flexibilidade suficiente para expressar livremente seus pensamentos a Deus.

De qualquer forma, como sempre, a prática o ajudará a tornar-se mestre na arte de conversar com o Ser Infinito. Depois que se aprende a sentir-se à vontade ao conversar com Deus, é possível falar em tom de voz calmo, sereno, tornando-se cada vez mais consciente do Ser com quem se está conversando. E, no decorrer da conversa, o meditante sentirá, cada vez mais, a presença de Deus. Nesse estágio, a conversa com Deus passará a ser uma experiência de sublime reverência e assombro.

À medida que se torna mais fácil conversar e o meditante sente-se mais relaxado, a experiência fica mais profunda, transformando-se em uma técnica poderosa de meditação que pode, facilmente, conduzir o meditante a estados de consciência mais elevados. Nesses estados de consciência, a presença de Deus é algo quase palpável.

Nesse ponto, pode-se perguntar qual a vantagem desse método em relação a outros, como a meditação mântrica ou a contemplação. Ora, por se tratar de uma meditação direcionada do interior, ela apresenta algumas vantagens importantes.

Um dos propósitos da meditação como um todo é ajudar a "desligar" o ego, o que costuma ser difícil no mundo moderno. Além do mais, em uma sociedade que nos submete a pressões constantes, devemos ter uma forte percepção do *self* e dos nossos objetivos para que não sejamos atropelados pelo mundo. Para muitas pessoas, um esquema de meditação que enfraquece o ego e a percepção do *self* pode ser contraproducente. Os objetivos na meditação podem ir de encontro às ambições e aspirações da pessoa no mundo em que ela vive.

O método de conversar com Deus não apresenta esse inconveniente. É verdade que, como as outras formas de meditação, esse método pode ajudar a pessoa a vencer o seu ego. Contudo, trata-se de um método que substitui o ego por algo mais forte. Ao conversar com Deus, podemos adquirir uma nova visão de nós mesmos e começar a nos enxergar como uma ramificação do Divino. Pode-se dizer que, com essa meditação, fazemos uma espécie de sociedade com o Divino. Se, por exemplo, conversamos com Deus sobre nossos planos para o futuro e saímos dessa conversa plenamente satisfeitos, veremos que nossas decisões e sentimentos quanto aos nossos objetivos sairão mais fortalecidos ainda.

É claro que isso apresenta perigos. Se não soubermos anular nosso ego de forma adequada, podemo-nos transformar em pessoas obstinadas e voluntariosas, verdadeiramente insuportáveis. Nada é mais desagradável do que uma pessoa que age como se tivesse uma linha direta com Deus. Portanto, a meta é alcançar o equilíbrio – e mantê-lo.

Além de fortalecer nossas decisões, conversar com Deus pode nos ajudar a encontrar um sentido na vida. Já toquei nesse assunto quando mencionei que, durante a meditação, poderíamos pensar em como reestruturar nossas vidas. Ao conversar com Deus, podemo-nos ver com os olhos d'Ele, por assim dizer. Podemos então determinar se o tipo de vida que levamos é louvável do ponto de vista de Deus. Se assim não for, a meditação pode nos ajudar a encontrar maneiras de nos aperfeiçoarmos.

É interessante observar que o verbo hebraico para rezar é *hitpalêl*. Segundo os linguistas hebraicos, essa é a forma reflexiva do verbo *palêl*, que significa "julgar". Assim, *hitpalêl* significa "julgar a si mesmo".

Não é difícil perceber esse significado dentro do contexto de nossa análise. Ao conversarmos com Deus, seremos capazes de nos ver com os olhos de Deus e julgar nossos atos e pensamentos da forma mais completa possível. Contemplamos nossas mais profundas aspirações no espelho de nossas orações e julgamos se elas valem ou não a pena. Pouco a pouco, também podemos nos livrar de qualquer impedimento para rezar.

Na verdade, esse método se assemelha a uma espécie de terapia. Sob vários aspectos, falar com Deus é parecido com conversar com um terapeuta. Qual seria então a diferença entre esse método de meditação-oração e a psicoterapia?

Em primeiro lugar, é bem verdade que tanto a psicoterapia quanto a meditação podem ajudar uma pessoa a direcionar sua vida de forma mais eficaz. Na psicoterapia, no entanto, a resposta vem de fora, ao passo que na meditação-oração a resposta vem de dentro. Se a pessoa for basicamente saudável, suas respostas refletirão seus próprios valores e aspirações de forma muito mais verdadeira do que quando filtradas pelos olhos de um terapeuta, que pode ter um sistema de valores completamente diferente. A meditação-oração pode inclusive estimular a pessoa a aprender mais sobre a vida e seu significado a partir de fontes externas, e então o auxílio virá também de fora.

Além disso, a psicoterapia lida tão somente com as dimensões terrenas do homem, deixando de lado as dimensões espirituais. Já a meditação-oração lida principalmente com a dimensão espiritual. Basicamente, a psicoterapia é uma forma de trabalhar os problemas, enquanto a meditação é um método de aperfeiçoar as dimensões espirituais da vida.

Há muitos indícios que apontam para a semelhança entre a meditação-oração e a autoanálise e, portanto, para todos os perigos inerentes a esta última. Tal qual na autoanálise, a pessoa pode trazer à tona problemas enraizados, mal resolvidos, que podem causar imensa dor e sofrimento se não forem trabalhados. E, nesse caso, não há a figura do terapeuta para ajudar se a situação ficar muito difícil. Ao utilizar a meditação-oração como terapia, a pessoa pode se ver diante de um beco sem saída psicológico, e não conseguir escapar.

Portanto, se você resolver usar a meditação-oração como uma forma de terapia, é importante ter um mestre que compreenda exatamente o que se passa. Sem um mestre, os resultados podem ser mais negativos do que positivos. O mentor deve ser uma pessoa psicologicamente estruturada e emocionalmente forte, com experiência na orientação de meditantes iniciantes. Seus conselhos ajudarão o meditante a encontrar o ponto de equilíbrio na vida.

CAPÍTULO 11

A VIA DA ORAÇÃO

UM DE MEUS ALUNOS, um psiquiatra, disse-me certa vez que quando começou a se envolver com práticas espirituais costumava fazer suas orações do serviço matinal às pressas, a fim de ter mais tempo para meditar. Ele agiu assim por alguns meses até que, em uma de nossas aulas, falamos sobre como o culto foi desenvolvido originariamente para ser um exercício de meditação e de que forma ele podia ser utilizado como tal. Depois dessa aula, o aluno contou-me que, em vez de fazer as orações do serviço matinal às pressas, agora ele as utilizava como sua meditação diária.

Muitos judeus ainda não se sentem à vontade com a meditação. Eles acham que se trata de algo importado de outra cultura. Embora várias fontes tradicionais discorram sobre a meditação judaica, após um século de ostracismo muitos judeus acham difícil aceitá-la. Até mesmo a palavra "meditação" lhes parece estranha, como se fosse algo do outro mundo.

Por outro lado, a forma mais aceita pelos judeus para manter contato com Deus é por meio dos serviços diários. Um judeu praticante reza (*dáven*) a Deus três vezes ao dia. Na maioria das comunidades, as sinagogas têm cultos diários. Entre os ortodoxos, a oração diária é considerada uma parte importante da agenda do dia.

124 ■ ARYEH KAPLAN

Os três cultos diários abrangem o serviço matinal, ou *shacharít*; o vespertino, ou *mincháh*; e o noturno, logo após o anoitecer, chamado *maaróv* ou *arvít*. Os serviços no *Shabát* e nas festas são basicamente os mesmos, com o acréscimo de um serviço adicional, o *mussáf*, logo após a leitura da Torá.

Cada um desses serviços religiosos concentra-se na *Amidáh*, que literalmente significa "ficar de pé", em hebraico. A *Amidáh* é uma oração para ser feita em pé, e em silêncio. Nos dias úteis, ela consiste em dezoito orações petitórias e bênçãos, também sendo conhecida por *Shemonêh Esrêh*, que literalmente significa "dezoito". No século I, foi acrescentada uma décima nona bênção, tornando esse nome um pouco impreciso.

A *Amidáh* pode ser encontrada em qualquer livro judaico de orações. Entre as dezoito seções, as três primeiras e as três últimas são basicamente as mesmas, seja nos dias úteis, no *Shabát* ou nos dias santos. A única diferença é que no *Shabát* e nos dias santos as doze (ou treze) bênçãos centrais são substituídas por uma seção diferente, específica para essas festividades.

A parte mais importante da *Amidáh*, especialmente sob o ponto de vista da meditação, é o parágrafo de abertura – uma breve oração estabelecendo a relação entre o devoto e Deus. Esse parágrafo sempre abre a *Amidáh*, seja nos dias úteis, no *Shabát* ou nas festas.

Para utilizar essa seção da *Amidáh* como uma meditação é preciso memorizá-la. É melhor fazê-lo em hebraico, uma vez que a língua em si mesma já encerra um poder espiritual imenso. Se a pessoa não souber hebraico, ela pode recitar as palavras em qualquer outro idioma. No entanto, para utilizar a *Amidáh* como uma meditação, deve-se não só saber recitar a oração em hebraico como também conhecer o significado das palavras.

A *Amidáh* foi escrita logo depois do período profético, há 2.500 anos, durante os primeiros anos do Segundo Templo em Jerusalém. Esdras (sacerdote e escriba do século V a.E.C. – N.T.)

havia retornado do exílio na Babilônia e, de volta à Terra Santa, conclamava seu povo a restabelecer o judaísmo como uma forma de vida viável. Jerusalém e a Terra Santa tinham sido reduzidas a cinzas pelos babilônios liderados por Nabucodonosor, e foi a partir das cinzas que Esdras e seus seguidores reconstruíram o judaísmo.

Para esse fim, Esdras reuniu 120 dos maiores sábios da época. Esse grupo, que também contava com os últimos profetas bíblicos, ficou conhecido como a Grande Assembleia (*Knesset ha-Guedoláh*), que promulgou vários importantes decretos para preservar a observância da Torá pelos judeus dispersos pelo mundo. Um dos maiores feitos da Grande Assembleia foi a de canonizar o texto bíblico.

A *Amidáh* foi redigida pela primeira vez pela Grande Assembleia, sendo, portanto, uma das orações mais antigas que existem atualmente. Dentre seus autores, encontramos *Hagái*, *Zechariáh* e *Malachí* (Ageu, Zacarias e Malaquias), que também compuseram textos bíblicos. A mesma energia espiritual utilizada nos escritos da Bíblia inspirou a redação da *Amidáh*. Desde então, ela se transformou em oração e objeto de meditação universal de todos os judeus.

O poder da *Amidáh* advém das suas próprias palavras. A oração foi cuidadosamente elaborada por pessoas de espírito extremamente elevado, a fim de permitir uma relação a mais próxima possível com Deus. Já em seu primeiro parágrafo, a pessoa é conduzida gradativamente para junto de Deus, até sentir a Sua presença envolvendo-a completamente e penetrando no âmago de seu ser.

Uma vez que a *Amidáh* foi escrita como uma oração meditativa, é necessário repeti-la o maior número de vezes possível. Foi por esse motivo que se prescreveu repeti-la três vezes ao dia.

Como já foi mencionado anteriormente, um dos motivos que fazem um mantra funcionar é que a sua repetição coloca a mente em sintonia com ele. Quando isso ocorre, as palavras são proferidas automaticamente, sem grande esforço ou muita concentração. Uma vez que a mente não mais se preocupa *em dizer as palavras do mantra*, ela se deixa preencher pelo sentido dessas palavras.

O mesmo é válido para uma oração recitada diariamente. A pessoa não só acaba memorizando as palavras, mas também aprende a repeti-las automaticamente. Depois de alguns anos recitando a *Amidáh* três vezes ao dia, diariamente, a pessoa praticamente faz a oração sem pensar. Ao mesmo tempo que isso é um perigo, também é uma grande vantagem. O perigo é a mente ficar vagando enquanto repete a oração, e as palavras perderem assim o seu sentido. De fato, várias pessoas que fazem esse ritual diariamente encontram muita dificuldade em concentrar a mente nas palavras proferidas. Se a *Amidáh* for encarada simplesmente como uma oração, estaremos diante de um problema. No entanto, se ela for encarada como um mantra, a natureza automática da repetição das palavras transforma-se em uma dádiva, pois as palavras passam a ser um mantra, acalmando a mente e removendo todos os pensamentos estranhos.

É claro que isso não significa que a pessoa não deva pensar nas palavras da *Amidáh*, mas o modo como se pensa essas palavras muda completamente. Em vez de pensar nelas do ponto de vista intelectual, a pessoa permite que as palavras ressoem na mente como se transmitissem sua mensagem de um modo não verbal.

Assim, ao se pronunciar a primeira bênção e afirmar que Deus é "grande", tem-se uma experiência inigualável da grandeza de Deus. De forma semelhante, ao se afirmar que Ele é "poderoso", experimenta-se o Seu poder infinito. Contudo, como ocorre com muitas experiências meditativas, essas sensações são difíceis de descrever.

A *Amidáh* é uma sequência específica que deve ser proferida sem interrupções. Do ponto de vista prático, no entanto, o primeiro parágrafo é a parte mais importante da oração, dando o tom do resto da prece.

Para uma pessoa que reza diariamente, passar a usar a *Amidáh* como um método de meditação talvez implique uma mudança de orientação. Contudo, para aqueles que conhecem bem as palavras e já aprenderam os métodos de meditação de modo geral, a transição não é muito complicada. Uma pessoa pode ter recitado a *Amidáh* por anos a fio, desde a infância; ela só precisa aprender agora é dizer as palavras de forma eficaz.

Já para aqueles que não conhecem bem a *Amidáh*, será necessário um período de preparação para memorizar as palavras e familiarizar-se com elas. Isso requer um mínimo de trinta dias. Para um iniciante, pode ser difícil aprender toda a *Amidáh* em um período tão curto. Mas o primeiro parágrafo tem apenas 42 palavras, e portanto seu aprendizado pode ser rápido. O primeiro parágrafo virá a ser a meditação em si, e o resto da oração será lido como uma prece.

Sendo possível, aprenda a primeira bênção em hebraico. Se você souber ler hebraico mas não conseguir compreender o significado das palavras, estude pelo menos a tradução das 42 primeiras. Se não souber hebraico, peça a alguém que translitere essas palavras e tente aprender a recitá-las em hebraico. Os benefícios espirituais são tão grandes que valeria a pena aprender hebraico só para conseguir recitar a *Amidáh*.

Durante o período de preparação, memorize o primeiro parágrafo. Isso é importante porque esse parágrafo deverá ser proferido com os olhos fechados. Algumas autoridades no assunto afirmam que se deve recitar toda a *Amidáh* de cor. Ainda segundo eles, isso se deve à inexistência de livros de oração durante o período talmúdico. Como nem todos a sabiam de cor, determinou-se que um leitor repetiria a oração em voz alta para aqueles que não a tivessem memorizado.

128 ■ ARYEH KAPLAN

Depois de memorizar o primeiro parágrafo, recite-o de cor como parte dos três serviços prescritos, durante um mínimo de trinta dias. Após esse período preparatório, o parágrafo deve estar suficientemente assimilado para ser usado como um instrumento de meditação.

Para usar a *Amidáh* como uma meditação, é preciso estar familiarizado com suas regras básicas. De fato, algumas dessas regras só fazem sentido se a *Amidáh* for encarada como uma meditação.

A primeira regra é recitar a *Amidáh* no tempo apropriado. A oração matinal diária, a *Amidáh* de *shacharít*, deve ser recitada entre a aurora e as dez horas da manhã, ou, em casos de emergência, até o meio-dia. A oração vespertina, a *Amidáh* de *mincháh*, pode ser recitada logo depois do meio-dia até o pôr do sol. Já a *Amidáh* de *maarív* pode ser recitada depois do anoitecer até pouco antes da aurora.

Antes de qualquer serviço religioso, devem-se lavar as mãos. Esta é uma prática que remonta aos *cohaním*, os sacerdotes, que lavavam as mãos antes de realizar o Serviço Divino no Templo de Jerusalém. Lavar as mãos não é apenas um ato de higiene; trata-se de um ritual de purificação, que obedece às suas próprias regras: derrama-se a água de uma vasilha ou de um copo primeiro na mão direita e depois na esquerda, lavando-se cada mão três vezes, dessa maneira alternada.

Só se deve recitar a *Amidáh* adequadamente vestido. Os homens devem cobrir a cabeça com um chapéu ou um *yármulke*, um pequeno solidéu. A *Amidáh* não deve ser recitada diante de pessoas que não estejam decentemente vestidas ou quando houver algum tipo de odor desagradável no recinto. De preferência, não se deve recitá-la quando há algo que perturbe a concentração.

Por definição, a *Amidáh* deve ser feita de pé, com os pés juntos. Segundo o Talmude, essa é a posição dos anjos. A cabeça pode estar ligeiramente curvada, e as mãos pousadas sobre o coração.

Sempre que possível, ao se recitar a *Amidáh*, deve-se voltar o rosto para Jerusalém. Se a pessoa estiver em Jerusalém, ela deve voltar-se para o local do Templo, uma fonte de energia espiritual. Voltar-se para essa direção ajuda a captar a energia do local denominado "Santo dos Santos" (*"Sancta Santorum"*). Segundo uma antiga tradição, esse foi o local chamado por Jacó de "portão do céu" (Gn. 28:17) e, como tal, é a fonte primeva da energia espiritual.

Devem-se dobrar os joelhos ao se pronunciar a palavra "Bendito [sejas]" (*barúch*), no início e no fim do primeiro parágrafo. Ao se pronunciar a próxima palavra, "Tu" (*atáh*), deve-se curvar o corpo para a frente. Essa reverência é repetida novamente no início e no término de *Modím*, a penúltima seção da *Amidáh*.

Curvar-se é essencial para entrar no estado de meditação. Segundo o Talmude, deve-se curvar o corpo bem rápido e erguê-lo bem devagar, "como uma serpente". Segundo os comentários, isto significa levantar primeiro a cabeça e, depois, o resto do corpo. Ao fazer isso, os ritmos corporais são desacelerados, e a mente entra em um estado de maior tranquilidade. O efeito é o de aquietar a mente, tornando-a mais receptiva à meditação.

Com exceção dos movimentos acima descritos, é preferível permanecer completamente imóvel durante a *Amidáh*. Algumas pessoas têm o hábito de balançar o corpo durante a oração, mas, segundo os códigos judeus, esse movimento denota mais um tique nervoso do que um meio de aumentar a concentração. Tanto os cabalistas quanto a maioria dos grandes codificadores do judaísmo afirmam que se deve evitar todo e qualquer movimento durante a *Amidáh*.

Se, de todo, você achar impossível ficar absolutamente imóvel, experimente balançar o corpo bem suavemente, mas agitar-se excessivamente pode quebrar a concentração, no que diz respeito à meditação.

130 ■ ARYEH KAPLAN

Também é importante manter os olhos fechados durante a *Amidáh*, particularmente durante a primeira bênção, para entrar em um estado meditativo. Se você não souber o resto da *Amidáh* de cor, ela pode ser lida no livro de rezas. As palavras devem ser recitadas suavemente, em voz muito baixa, ou mesmo num sussurro. A voz deve ser direcionada para dentro e não para fora. Esses métodos transformarão a *Amidáh* em um instrumento mais eficaz de oração. Se ela for utilizada também como uma meditação, há mais uma condição importante a ser observada – o ritmo em que as palavras são proferidas. Segundo o Talmude, os "justos antigos" (*chassidím rishoním*) demoravam uma hora recitando a *Amidáh*. Considerando-se o contexto da citação, torna-se óbvio que esses justos de antigamente usavam a *Amidáh* como um mecanismo de meditação, o que é confirmado por várias fontes cabalísticas. Este ensinamento nos oferece uma pista importante sobre o ritmo de recitação da *Amidáh*, caso a utilizemos para meditar. Se fizermos as contas, veremos que a *Amidáh* contém cerca de quinhentas palavras. Se os justos antigos levavam uma hora para recitá-las, ou seja, cerca de 3.600 segundos, eles recitavam uma palavra a cada sete segundos.

Recitar a *Amidáh* nesse ritmo é uma forma altamente avançada de meditação, embora não seja muito difícil fazê-lo no primeiro parágrafo, que é o mais importante. Como a primeira bênção contém 42 palavras, levaríamos menos de cinco minutos para concluí-la, recitando uma palavra a cada sete segundos. Trata-se de um tempo razoável, longo o suficiente para que uma pessoa mergulhe em um profundo estado de meditação.

Esse ritmo acalma a mente profundamente. Trata-se de um estado meditativo que, subjetivamente, parece ser bastante diferente daquele alcançado com a meditação mântrica comum ou com a contemplação, porque a cada momento as palavras recitadas definem a meditação.

Há duas formas básicas de ritmar as palavras recitadas. Pode-se pronunciar cada palavra da forma mais demorada possível e, em seguida, fazer uma breve pausa para reter o significado. Também pode-se proferir a palavra e aguardar os sete segundos antes de pronunciar a próxima. Os dois métodos são eficazes, cada qual a seu modo, e a escolha depende apenas da preferência do meditante.

Enquanto você estiver recitando a palavra, e no momento subsequente, não pense em nada, a não ser no significado da palavra que acabou de proferir. (O significado das palavras do primeiro parágrafo da *Amidáh* será discutido no próximo capítulo.) Deixe as palavras penetrarem em seu âmago, seu ser interior, abrindo a mente e o espírito para sentir e enxergar o significado de cada palavra. Durante a pausa entre as palavras, a mente é tranquilizada a fim de aguardar a próxima palavra, e todos os outros pensamentos são removidos.

Depois que se recita a primeira bênção dessa maneira, o restante da *Amidáh* flui com facilidade. Recitar as outras bênçãos transforma-se em uma tarefa simples, e o meditante sente-se bem próximo de Deus sem nenhum pensamento estranho perturbando a sua mente.

Algumas pessoas acham útil combinar a *Amidáh* com uma técnica de visualização. Segundo algumas fontes, enquanto se recita o primeiro parágrafo, deve-se tentar visualizar uma luz completamente branca. Já outras fontes sugerem que se visualizem as letras do Tetragrama. Outra, ainda, ensina que é benéfico visualizar o Nada. O meditante já familiarizado com essas técnicas pode considerá-las propícias para enriquecer a experiência meditativa com a *Amidáh*. Outra alternativa é concentrar-se nas imagens que vão surgindo espontaneamente no olho da mente.

Com o tempo, no entanto, acaba-se aprendendo que a técnica mais poderosa de todas é utilizar tão somente as palavras da *Amidáh*. Quando as palavras controlam a mente, a pessoa desliga-se de todos os outros pensamentos. As palavras conduzem o meditante diretamente a Deus, e a mente é totalmente preenchida com o Divino. Desse modo, a *Amidáh* pode conduzir o meditante a uma das experiências espirituais mais profundas possíveis – o que não é nenhuma surpresa, já que foi com esse objetivo que ela foi composta.

CAPÍTULO 12

O RELACIONAMENTO
COM DEUS

CONFORME MENCIONADO NO CAPÍTULO ANTERIOR, o primeiro parágrafo da *Amidáh* é o elemento mais importante a ser utilizado como meditação. Além disso, essa oração define a relação Eu-Tu, entre Deus e aquele que o cultua. Neste capítulo, analisaremos o primeiro parágrafo da *Amidáh* palavra por palavra.

Passemos, então, à bênção:

Bendito sejas Tu, ó Eterno,
nosso Deus e Deus de nossos pais,
Deus de Abraão, Deus de Isaac e Deus de Jacó,
Ó Grande, Poderoso e Temível Deus,
Deus Altíssimo que concede boas graças,
que tudo possui e recorda a bondade dos patriarcas
e envia um Redentor aos filhos
dos seus filhos, por amor do Seu Nome.
Ó Soberano, Auxiliador, Salvador e Escudo!
Bendito sejas Tu, Eterno, Escudo de Abraão.

A primeira palavra da *Amidáh* é "bendito", *baruch*, em hebraico. É difícil compreender o significado dessa palavra quando a relacionamos a Deus. Uma pessoa pode ser abençoada com a vida, com saúde, prosperidade, filhos e outras benesses. Mas o que significa dizer que Deus é bendito?

Se procurarmos por bênçãos na Bíblia, sempre encontraremos Deus oferecendo algum bem ou benefício a outrem por meio de uma bênção. Isaac, por exemplo, diz a Jacó: "Que Deus te dê o orvalho do céu e as gorduras da terra..." (Gn. 27:28). O ponto principal dessa e de outras bênçãos na Bíblia é que Deus haverá de conceder uma providência especial, e manterá uma relação e uma proximidade especiais com o abençoado.

A bênção, portanto, é uma expressão da imanência de Deus. Quando dizemos que Deus é "bendito", estamos afirmando que a Sua presença imanente é a fonte de todas as bênçãos. Isso significa que Deus está próximo – muito próximo – de nós. Várias fontes judaicas indicam que a palavra "bendito" denota, especificamente, a imanência de Deus no mundo.

Quando recitamos a palavra "bendito" (*barúch*) na *Amidáh*, devemos perceber a proximidade de Deus permeando o próprio ar que nos envolve. Devemos sentir Deus em nossos ossos, nossa carne, nossa mente, nos recônditos de nossa alma. Devemos também perceber que Deus se coloca disponível para aumentarmos nossa proximidade com Ele.

A próxima palavra é "Tu", *atáh* em hebraico. Essa palavra refere-se à relação Eu-Tu que estabelecemos com Deus. Ao utilizarmos "Tu" para nos dirigir a Deus, nos conscientizamos de que estamos falando diretamente com Ele. Ao pronunciarmos tal palavra, devemos perceber o Divino bem à nossa frente e sentir todo o amor, força e temor que permeiam essa situação especial.

Em seguida vem o nome de Deus, o Eterno, que em hebraico pronuncia-se *Adonai*. Esse nome é na verdade escrito em hebraico com o Tetragrama, יהוה – YHVH, mas como este nome sagrado não pode ser pronunciado a palavra *Adonai*, que significa "Meu Senhor", o substitui. Essa substituição nos ensina algumas lições muito importantes sobre o Divino.

MEDITAÇÃO JUDAICA ■ 135

Já discutimos o significado do Tetragrama no Capítulo 7. Contudo, existe outra forma de compreender esse nome em um nível mais profundo.

Os códigos observam que o Tetragrama, YHVH, parece estar relacionado com o passado, o presente e o futuro do verbo "ser". Em hebraico, as palavras para "foi", "é" e "será" são, respectivamente, היה – *hayáh*, הוה – *hovéh* e יהיה – *yihiyéh*. Portanto, segundo as leis, ao olhar o Tetragrama, deve-se ter em mente que Deus "foi, é e será" – tudo de uma só vez. Isso indica que Deus é profundamente transcendental, maior do que tudo, transcendendo até mesmo o tempo. Deus existe num domínio onde o tempo não existe.

Isso também significa que Deus é completamente diferente de toda e qualquer coisa na Criação. Sequer podemos imaginar um ser existindo fora do espaço se, para Ele, tampouco se aplica o conceito de espaço. É ainda mais difícil imaginar um ser que existe fora dos domínios do tempo, tanto que para Ele presente, passado e futuro são a mesma coisa. Cada um de nossos processos mentais depende do tempo e só opera dentro de uma estrutura temporal. Mas nada disso se aplica a Deus.

Naturalmente, a simples utilização da palavra "ser", em relação a Deus, é um antropomorfismo, além de ser uma palavra inadequada. Pensamos em Deus como um "ser", pois só assim podemos falar com Ele; além disso, a palavra "ser" é a única categoria na qual podemos inserir aquilo de que falamos, ou com quem falamos. O fato de que "ser" é a categoria mais próxima na qual podemos inserir Deus não significa que Ele seja um ser. Como já mencionamos em capítulos anteriores, não existe categoria alguma na qual possamos inserir Deus.

Em nossa mente existem duas supercategorias principais nas quais podemos inserir tudo: a categoria das coisas e a das relações ou estados. Se fosse possível inserir Deus na categoria das coisas, poderíamos falar sobre Ele como um "ser". Contudo, se o inseríssemos na categoria das relações, falaríamos d'Ele como um princípio. Assim sendo, ao afirmarmos que "Deus é o criador do Universo", estamos falando d'Ele como um ser. Por outro lado, ao afirmarmos que "Deus é o poder criativo no Universo", estamos falando d'Ele como um princípio.

Na primeira vez em que utilizei esse conceito em uma aula, um de meus alunos me fez uma pergunta simples, porém muito capciosa: "Se Deus existe fora do espaço, como podemos afirmar que Deus está em toda parte?" Após alguns momentos de reflexão, encontrei uma resposta e perguntei aos alunos: "A equação 1+1 = 2 existe no espaço?"

A resposta da turma foi a de que, obviamente, tal equação não existe no espaço. Trata-se tão somente de uma relação matemática, um *princípio* matemático, e, como tal, existe no mundo das ideias e não no espaço.

Fiz, então, outra pergunta: "Há algum lugar onde a equação 1+1 = 2 não exista?"

A resposta óbvia foi "não". Em qualquer lugar de todo o universo e mesmo além dele, 1+1 será sempre 2. Essa equação simples é um bom exemplo de algo que não existe no espaço e, ainda assim, pode ser encontrado em toda parte. Isso é verdadeiro para todo e qualquer princípio universal. Por natureza, um princípio abstrato não é espacial e, portanto, existe fora do espaço. No entanto, os princípios universais, tais como os princípios matemáticos, existem em toda parte.

Para várias finalidades, é útil pensar em Deus como um princípio e não como um ser. Seria mais fácil entender dessa forma como Ele existe fora do tempo e do espaço e, ainda assim, preenche todo o tempo e todo o espaço. Portanto, tal ideia joga por terra a visão antropomórfica de Deus.

Pode-se ficar tentado a afirmar que "Deus é um princípio". No entanto, como já mencionamos anteriormente, a frase "Deus é..." é uma afirmação que não pode ser completada. Deus é o

MEDITAÇÃO JUDAICA ■ 137

criador de todas as categorias e, portanto, não pode ser encaixado em nenhuma delas. As palavras "princípio" e "ser", para nos referirmos a Deus, não passam de aproximações, uma vez que a mente não possui uma categoria onde encaixá-lo. Talvez uma terceira categoria, intermediária, fosse uma aproximação melhor, mas a mente não tem exemplos dela, e portanto não é possível imaginar uma categoria como essa. Contudo, a meditação pode permitir que vislumbremos a natureza dessa terceira categoria.

O Tetragrama parece relacionar-se com Deus como um princípio e não como um ser, pois denota a existência de Deus no passado, presente e futuro simultaneamente, como qualquer outro princípio. Já discutimos como o Tetragrama denota as quatro etapas no processo pelo qual Deus dá vida à Sua Criação (veja o Capítulo 8). Por esse aspecto, vemos no Tetragrama uma descrição de Deus como o princípio criador.

No entanto, não é fácil relacionar-se com um princípio que parece completamente impessoal, e de fato é. Na oração e no culto é bem mais fácil relacionar-se com Deus como um ser. Assim, não pronunciamos o Tetragrama, mas sim *Adonai*, "Meu Senhor", indicando que Deus é Senhor e Dono de toda a Criação e que O estamos encarando como um ser, não como um princípio. Domínio e propriedade são ideias antropomórficas, que se aplicam perfeitamente a um ser dotado de consciência.

Ao chegarmos, na leitura, ao nome de Deus escrito na forma do Tetragrama, e pronunciarmos a palavra *Adonai*, percebemos que estamos invocando um Ser-Princípio. Vemos Deus como o Princípio que confere vida a todas as coisas, e ao mesmo tempo como um Ser e, mais ainda, como um Ser com o qual podemos nos relacionar. Quando falamos com Deus, é como se entrássemos em comunhão com a própria Existência, mas também estamos falando com ela como se se tratasse de uma pessoa. Ao mesmo tempo, percebemos que Deus é mais do que a Existência – de fato, trata-se do princípio que permite à própria Existência existir.

Ao pronunciarmos o nome de Deus, *Adonai*, percebemos que estamos nos dirigindo ao Ser Infinito que é o Outro absoluto. Contudo, a próxima palavra é *Elohênu*, traduzida como "nosso Deus". Isso demonstra até que ponto Deus permite a nossa aproximação. Apesar de tão superior a nós, permite que nos dirijamos a Ele como "nosso Deus" – como se, em certo sentido, Ele nos pertencesse. Esse talvez seja o maior milagre e a maior de todas as dádivas – que Deus nos permita chamá-Lo de "nosso".

A expressão completa na *Amidáh* é: "nosso Deus e Deus de nossos pais" (*Elohênu ve-Elohêy avotênu*). O *Baal Shem Tov* explica essa expressão da seguinte forma:

"Há duas maneiras de conhecermos Deus. Primeiro, nós O conhecemos porque ouvimos outros falarem d'Ele, e porque herdamos uma tradição a respeito d'Ele, por meio de nossos pais, de nossos ancestrais, por intermédio de todos os sábios do passado.

Contudo, isso não é suficiente. Não importa o número de vezes que tenhamos ouvido falar de Deus; cada um de nós também deve ter sua própria experiência d'Ele. Só quando temos essa experiência por nós mesmos é que podemos ter uma ideia verdadeira do que Deus é. De certa forma, é como o amor. Apenas quando conhecemos o amor sabemos o que significa aquilo de que alguém já nos falou; caso contrário, as palavras nos soarão totalmente abstratas. Podemos imaginar que o amor é algo muito agradável, mas se nunca o tivermos experimentado, mesmo que leiamos o que dizem os poetas, só conseguiremos entendê-lo de modo abstrato. Contudo, se alguma vez você já amou alguém, a palavra passa a ter ressonâncias muito intensas aos olhos e aos ouvidos."

O mesmo é válido para Deus. Se ao menos uma vez na vida tivermos experimentado a proximidade com Ele, quando alguém falar sobre Ele, saberemos exatamente o que isso significa, e a ideia que teremos d'Ele terá um forte significado espiritual. Mas, se nunca tivermos experimentado essa relação de proximidade com Deus, nossa ideia a respeito d'Ele será muito abstrata, só podendo ser descrita em um nível intelectual. Podemos falar sobre Deus, discutir sobre Ele e até mesmo questionar a Sua existência. Contudo, se nunca tivermos tido a experiência de Sua presença, não há nada sobre o que falar. No momento em que alguém menciona a palavra "Deus", sabemos exatamente do que essa pessoa está falando, uma vez que Deus faz parte de nossa experiência da mesma forma que faz parte da experiência da pessoa que O mencionou. Quem nunca amou poderia até afirmar que o amor não existe. O mesmo é válido para quem nunca experimentou a presença de Deus. Mas aquele que teve essa experiência jamais questionará se Deus existe ou não.

Contudo, quando temos a experiência de Deus, há sempre o perigo de que seja uma falsa experiência. Ou seja, podemos acreditar estarmos experimentando a presença de Deus, quando na realidade estamos experimentando algo muito diferente.

É por esse motivo que afirmamos "e Deus de nossos pais". A experiência de Deus não é algo inventado, algo sem laços com nosso passado. Muito pelo contrário, é parte de uma tradição que remonta aos nossos ancestrais primevos. Não buscamos Deus sozinhos, fazemos isso como parte integrante de uma cadeia de tradição, cujos elos nunca foram quebrados.

Ao pronunciarmos "Deus de Abraão, Deus de Isaac e Deus de Jacó", estamos mencionando os Patriarcas por acreditarmos que eles alcançaram a experiência suprema de Deus. Para eles, tratou-se de uma experiência tão forte que eles se dispuseram a desafiar a tudo e a todos, e até mesmo a mudar o curso de suas vidas por causa dessa experiência, transformando-se em pioneiros, desbravadores de novos caminhos para milhões de seguidores. Nesse ponto inicial da *Amidáh*, procuramos direcionar nossa consciência para o nível de proximidade com Deus experimentado por esses Patriarcas.

Nossos sábios ensinam que, para Abraão, a experiência fundamental de Deus foi a da Sua grandeza, enquanto Isaac experimentou a Sua força e Jacó, a Sua aterrorizante magnificência. Assim, as experiências culminantes dos Patriarcas correspondem às três palavras seguintes encontradas na *Amidáh*: "o Grande, Poderoso e Temível Deus".

Quando, na *Amidáh*, diz-se que Deus é "O grande" (*hagadól*), devemos nos concentrar na grandeza e na imensidão. Tente imaginar a grandeza de Deus. Pense na maior coisa que você pode conceber. Continue pensando, e agora imagine o tamanho do planeta Terra; depois, imagine o tamanho do Sol, do Sistema Solar, da galáxia e, então, de todo o Universo. Perceba, então, como tudo isso é pequeno em comparação com a grandeza de Deus. Comparado a Ele, o universo inteiro é menor que um grão de areia.

Na verdade, o que acabei de propor não passa de uma contemplação em nível intelectual, e a recitação da *Amidáh* não é um bom momento para intelectualizações. Ao pronunciarmos a palavra "grande", devemos levar o conceito de grandeza para além do nível intelectual. A mente se expande com o conceito de grandeza e passa a perceber a grandeza e a imensidão na sua forma mais pura e abstrata. A ideia de grandeza ecoa dentro de nosso ser e, então, conseguimos vislumbrar o que ela significa em relação a Deus.

Na Cabala, a grandeza de Deus está intimamente relacionada ao Seu amor (*chéssed*). Quando imaginamos um Ser Infinito pronto para ouvir a voz de uma criatura tão diminuta em relação a Ele, percebemos a imensidão de Seu amor. Portanto, o amor está inserido na grandeza de Deus. Essa também é uma das razões pelas quais Abraão está associado à grandeza e ao amor de Deus. Ensinaram-nos que Abraão direcionou sua vida para seguir o exemplo do amor de Deus. Abraão foi uma figura importante em sua época, com *status* suficiente para ficar em pé de igualdade com

MEDITAÇÃO JUDAICA ■ 141

reis e monarcas. Contudo, ele literalmente correu para saudar e servir os mais humildes viandantes (ver Gn. 18:3,4).

A próxima expressão é "o Poderoso" (*ha-guibór*). Ao pronunciá-la, deve-se ter em mente a força de Deus. Em capítulo anterior, mencionei como podemos olhar para nossas mãos e enxergar a força que possuem. De forma semelhante, ao pronunciarmos a palavra "o Poderoso", devemos nos concentrar na força em sua forma mais pura. Quando pensamos sobre a força em relação a Deus, ela se expande até provocar em nossa mente a sensação de esmagamento, e então começamos a experimentar uma vaga noção do que seja a força em sua dimensão divina.

Por último, recitamos "e Temido Deus" (*ve-ha-norá*). Isso reproduz a experiência de Jacó em Betel, depois de ter a visão de Deus e da escada e dizer: "Como é espantoso este lugar!" (Gn. 28:17). Quando temos consciência da grandeza e da força de Deus, somos subjugados por um sentimento de temor. Não se trata, porém, de uma experiência aterrorizante; muito pelo contrário, é um temor delicado e belo, o temor que advém de estar diante do Infinito.

As próximas palavras são: "Deus Altíssimo" (*El Elyôn*). Por meio delas percebemos que, ao afirmarmos que Deus é "grande, poderoso e temível", tais adjetivos não O delimitam, apenas nomeiam as experiências e emoções por nós vivenciadas quando tentamos nos colocar próximos a Ele. Quando tentamos nos aproximar de Deus, como o fazemos na *Amidáh*, primeiro temos a sensação da infinita grandeza de Deus; em seguida, percebemos Sua força infinita e, por último, uma sensação avassaladora de temor.

É importante perceber que Deus está acima disso tudo. A mente, portanto, deve elevar-se além da grandeza, da força e do temor, e perceber que Deus transcende qualquer pensamento que porventura nos possa ocorrer. Deus está além dos céus, além das estrelas, ultrapassando até mesmo os domínios do espiritual.

É importante reiterar esse último conceito, pois a maioria das pessoas refere-se a Deus como um Espírito ou um ser espiritual. No entanto, Deus está acima do espiritual, do mesmo modo que está acima do físico. Assim como é o criador do conceito do físico, Deus também é o criador do conceito do espiritual e, como criador do espiritual, Ele não pode ser abarcado por ele. Não importa, portanto, a extensão do conceito que façamos de Deus; por maior que seja, nunca se aproximará da Sua verdadeira essência. A *Amidáh* é bem direta e concisa a esse respeito, ao falar do "Deus Altíssimo".

Logo depois de dizermos que Deus é o inefável "Deus Altíssimo", afirmamos que Ele é Aquele que "concede boas graças". Embora nenhum pensamento possa conceber a real grandeza de Deus, ainda assim Ele realiza obras que podemos ver e considerar boas e generosas. Portanto, ao recitarmos tais palavras na *Amidáh*, estamos conscientes da Sua infinita bondade e generosidade.

Isso está intimamente relacionado ao ensinamento talmúdico, que diz: "Sempre que for encontrada uma referência à grandeza de Deus, também será encontrada uma referência à Sua humildade". O Talmude está nos dizendo que um Ser Infinito não é limitado por nenhuma concepção humana de grandeza ou pequenez. Deus é tão infinitamente grande que, para Ele, uma galáxia e uma bactéria têm o mesmo valor. Ao mesmo tempo, Sua grandeza é de tal ordem que um mero ser humano pode ser tão importante para Ele quanto um universo inteiro.

Em seguida, referimo-nos a Deus como *konê ha-cól*, traduzido como "que tudo possui". Da mesma forma que um proprietário pode dispor de suas posses conforme lhe aprouver, Deus também pode fazer o que quiser com todas as coisas; afinal, toda a Criação a Ele pertence. Além disso, quando tomamos posse de algo, associamos essa propriedade à nossa pessoa, ou seja, de certo modo, tudo que possuímos é uma extensão do nosso *self*.

De maneira análoga, Deus associa Sua Criação à Sua "pessoa" e Sua essência permeia toda a existência.

Nesse ponto, a *Amidáh* une passado e futuro, afirmando que Deus "recorda a bondade dos Patriarcas, e com grande amor fará vir um Redentor aos filhos dos seus filhos..." Deus compartilha conosco a lembrança do passado, particularmente em relação aos Patriarcas, os primeiros a trazer a consciência de Deus para o mundo. Assim como olhamos para os Patriarcas como paradigmas da experiência de Deus, Deus vê o amor desses Patriarcas por Ele como um paradigma e um motivo para permanecer próximo aos seus descendentes, não importa o que aconteça.

Também vemos Deus como nossa esperança no futuro – o que não é pouco, numa época em que a espada de Dâmocles da destruição nuclear paira sobre nossas cabeças. Acreditamos que Deus nos enviará um Redentor que transformará o mundo em um lugar seguro para viver. Acreditamos que chegará uma época em que toda a humanidade retornará à consciência de Deus desfrutada pelos Patriarcas, e essa será uma época de bondade e paz universal para todo o gênero humano. Essa é a nossa suprema esperança para o futuro.

Concluímos lembrando que Deus recorda os Patriarcas e trará um Redentor "por amor ao Seu nome". Como já foi mencionado anteriormente, o nome de Deus é muito mais do que uma simples reunião arbitrária de sons. Na verdade, trata-se de uma palavra que fala de Sua essência e de Seu relacionamento com a Criação. O nome é um foco importante de nossa consciência de Deus, conforme vimos em capítulos anteriores.

O nome de Deus aparece nas vidas dos Patriarcas e em nossa esperança em relação ao futuro. A experiência dos Patriarcas sempre foi intimamente relacionada ao nome de Deus. A Torá diz que Abraão iniciou o seu caminho "invocando o nome de Deus" (Gn. 12:8). Os Patriarcas, portanto, foram aqueles que introduziram a consciência de Deus no mundo, por meio do Seu nome. Eles não só se ligaram ao Infinito, mas também o identificaram com um nome.

O processo iniciado pelos Patriarcas será concluído pelo Redentor que nos foi prometido, que trará o nome de Deus a toda a humanidade. Uma das profecias importantes relacionadas com o futuro messiânico é a de que, "Naquele dia, Deus será um, e seu Nome será um" (Zc. 14:9). Não só o mundo inteiro servirá a Deus, como todos O chamarão pelo mesmo nome. Isso indica que o mundo inteiro terá a mesma consciência de Deus, como herdeiros dos Patriarcas. A *Amidáh* expressa tal fato afirmando que todo o processo será "por amor ao Seu nome".

Essa primeira parte termina com a expressão "por amor" (*beahaváh*). É o amor que faz a ponte entre passado e futuro – do mesmo modo que é o amor que faz a ponte entre o homem e a mulher. Em certo sentido, passado e futuro podem ser encarados como macho e fêmea. Do mesmo modo que o macho fecunda a fêmea, o passado fecunda o futuro. No futuro, a redenção advirá da lembrança dos Patriarcas no passado. É o amor de Deus transpondo a barreira do tempo.

Além disso, é Deus quem desvela o processo da história, tendo por objetivo a perfeição da humanidade e da sociedade. Todo este processo é regido pelo amor. Nesse trecho da *Amidáh*, conscientizamo-nos do amor de Deus e somos completamente inundados por ele.

O primeiro parágrafo da *Amidáh* termina com quatro palavras que aproximam Deus daquele que O serve – "Soberano, Auxiliador, Salvador e Escudo". Se no decorrer do primeiro parágrafo nos relacionamos com Deus de forma genérica, agora passamos a nos relacionar com Ele de modo inteiramente pessoal.

Essas quatro palavras constituem a chave de toda a *Amidáh*. Se as recitarmos corretamente, entraremos numa atmosfera espiritual perfeita para o resto do serviço. Mesmo que tenhamos

MEDITAÇÃO JUDAICA ▪ 145

recitado a primeira parte sem a concentração adequada, se essas quatro palavras forem proferidas adequadamente, ficaremos tão próximos de Deus que o restante da *Amidáh* fluirá perfeitamente. Se não conseguirmos recitar o primeiro parágrafo na velocidade de sete segundos para cada palavra, como recomendado anteriormente, devemos tentar esse ritmo ao menos com essas quatro palavras.

Passemos, portanto, a uma análise cuidadosa dessas palavras.

A primeira é "Soberano" (*Mélech*). No início, vemos Deus como nosso rei, e nossa relação com Ele é como a de um súdito para com o seu soberano. Um rei está distante, em sua cidade, em seu palácio. Se queremos algo do rei, devemos apresentar-lhe uma solicitação formal, a qual passará pelos canais competentes, seus funcionários, ministros e secretários, antes de chegar às suas mãos. Se tivermos sorte, obteremos uma resposta em alguns meses. Portanto, ao nos dirigirmos a Deus como Soberano, nós O vemos como majestoso, porém distante. Ele pode nos socorrer, mas não o fará muito de perto.

Em seguida, nos dirigimos a Deus como "Auxiliador" (*Ozêr*). Nesse momento, Ele está mais próximo que um rei. Um auxiliador é alguém de quem podemos nos aproximar de forma mais rápida. Trata-se de um amigo, e sabemos que sempre poderemos contar com ele, pois ele sempre estará disponível. Portanto, ao nos dirigirmos a Deus como "Auxiliador", percebemos que podemos contar com Ele a qualquer hora, e que Ele estará sempre pronto a nos ajudar. Trata-se de uma relação bem mais próxima que aquela possível de existir com um rei. Assim, ao pronunciarmos tal palavra, estamos iniciando o nosso processo de aproximação com Deus.

A terceira palavra é "Salvador" (*Moshía*). Sem dúvida, um salvador é alguém bem mais próximo que um auxiliador, alguém que está disponível para nos salvar quando estamos nos afogando num rio; ele estará ali para mergulhar e salvar nossa vida. Um auxiliador pode ter as melhores intenções, mas se ele não estiver bem próximo de nós não poderá nos salvar quando estivermos em perigo. Portanto, ao nos dirigirmos a Deus como nosso "Salvador", nós O estamos considerando como alguém disponível sempre que d'Ele precisarmos; estamos nos referindo a alguém pronto para nos salvar num instante. Reconhecemos que Deus está sempre perto o suficiente para nos ajudar, mesmo que estejamos em perigo iminente. Assim, a relação com o Salvador implica uma proximidade muito maior que aquela com o Auxiliador. E assim essa palavra nos aproxima ainda mais de Deus.

Por último, dirigimo-nos a Deus como nosso "Escudo" (*Maguên*). Um escudo está ainda mais próximo que um salvador. Um escudo pode nos proteger até de uma flecha voando em nossa direção, quando não há nada por perto que possa interromper seu curso. Nesse caso, não há tempo para o salvador interceptar a flecha. O escudo está lá, bem à nossa frente. Portanto, ao nos dirigirmos a Deus como nosso "Escudo", podemos senti-Lo bem ali na nossa frente. Deus está à nossa volta, como uma armadura divina. Nesse ponto, estamos completamente conscientes do poder de proteção emanado de Deus, envolvendo-nos por todos os lados. Sentimo-nos protegidos por Ele, de modo que nada no mundo poderá nos atingir e ferir.

Assim, essas quatro palavras, "Soberano", "Auxiliador", "Salvador" e "Escudo", nos ajudam a ter uma consciência cada vez maior da proximidade de Deus. Por meio dessas quatro palavras, procedemos a uma transição em nossa percepção de Deus – de uma força transcendental remota a um escudo protetor, tão próximo de nós quanto o próprio ar que respiramos.

A única pessoa que atingiu o nível de enxergar Deus sempre como um escudo foi Abraão. Deus disse a ele: "Não temas, Abraão! Sou para ti um escudo" (Gn. 15:1). A partir de então, Abraão passou a ter uma percepção constante de Deus como seu protetor. Ele esteve sempre consciente da proximidade de Deus, cercando-o e protegendo-o da forma mais direta e imanente possível.

É por esse motivo que o primeiro parágrafo da *Amidáh* termina com as palavras: "Bendito sejas Tu, Eterno, Escudo de Abraão". Com elas, percebemos a existência de tal nível de consciência de Deus, e que isso pode ser combinado a um estilo de vida, como no caso de Abraão. De todos os níveis de relação com Deus, o do escudo é o que estabelece maior proximidade. Nesse nível, vemos Deus tão próximo de nós a ponto de interromper o curso de uma bala no ar. Este foi o nível alcançado por Abraão e, nesse trecho da *Amidáh*, nós aspiramos alcançá-lo.

A palavra "Bendito" (*Barúch*) aparece duas vezes nesse primeiro parágrafo – no início e perto do fim, quando se diz "Bendito sejas Tu, Eterno, Escudo de Abraão". É significativo observar que se recomenda fazer uma mesura (inclinar o tronco e a cabeça) nas duas vezes em que se profere essa palavra.

Como já mencionado anteriormente, a palavra "bendito" indica a imanência de Deus e Seu poder de abençoar, que permeia toda a Criação. Fazemos a mesura ao proferirmos a palavra "bendito" em sinal de consciência dessa imanência. Percebemos que Deus está diretamente à nossa frente e curvamo-nos diante de Sua presença.

Ao atingir o final do parágrafo, já alcançamos um nível considerável de consciência da imanência de Deus. No início da oração tínhamos consciência dessa imanência, mas apenas em sentido abstrato. No final, essa consciência é tal que chega a ser palpável como um escudo. Para indicar essa nossa nova percepção, inclinamo-nos em reverência pela segunda vez.

Há dois outros trechos da *Amidáh* em que também o fazemos: no início e no fim da bênção de gratidão (*Modím*), a antepenúltima seção da *Amidáh*. Para entender o motivo dessa reverência, primeiro precisamos entender a estrutura da *Amidáh* como um todo.

Aprendemos que a estrutura básica de qualquer oração deve conter três elementos – louvor, súplica e ação de graças, nessa ordem. Essa estrutura é mantida na *Amidáh*. Os três primeiros parágrafos constituem o louvor, em que se estabelece um grau de consciência de Deus na mente. Como vimos, o primeiro parágrafo é a chave para esse processo.

A segunda parte da *Amidáh* é a da súplica, em que fazemos certos pedidos a Deus. Ela é constituída das quatorze bênçãos seguintes. É significativo observar que, em hebraico, o número quatorze é escrito com as letras ׳ – *yód* e ד – *dálet*, que também formam a palavra *yad*, a palavra hebraica para "mão". É como se estivéssemos pedindo que a resposta às nossas súplicas venha pela mão de Deus.

Basicamente, o que fazemos no estágio da súplica é utilizar a energia espiritual desenvolvida nas três primeiras bênçãos para conseguir que se realizem os nossos anseios, seja como indivíduos ou como nação. Primeiro fazemos nossos pedidos pessoais, suplicando a Deus que nos conceda sabedoria, proximidade, redenção, cura e bênçãos. Em seguida, pedimos pelo povo de Israel como um todo. A última parte do estágio da súplica, portanto, lida basicamente com a redenção.

Segundo esse padrão, a *Amidáh* deveria terminar com a ação de graças. Ao agradecermos a Deus, mostramos consciência da proximidade e energia espiritual que Ele nos permite experimentar e integrar ao nosso próprio ser. Portanto, seria de esperar que a *Amidáh* terminasse com a ação de graças, ou *Modím*. No entanto, essa bênção é a antepenúltima.

Há uma razão importante para tal, que é a de fazer que a *Amidáh* termine com uma súplica e uma bênção pela paz. Depois de obter energia espiritual, pode-se alcançar a paz interior, a qual pode ser projetada para aumentar a paz nacional e universal.

Quando conseguimos agradecer a Deus de todo o coração, tanto no sentido místico, quanto nos termos concretos da vida diária, encontramos a mais perfeita paz. Ao agradecermos a Deus, também absorvemos a energia desenvolvida no decorrer do serviço. O ato de inclinar o tronco e a cabeça é sinal de reconhecimento do poder de Deus que penetrou em nosso âmago. Como esse é o objetivo da bênção de ação de graças, fazemos o gesto de reverência tanto no início quanto no fim da oração.

Na *Amidáh*, esse ato de reverência apresenta, ainda, outra conotação importante. O Talmude afirma que um dos motivos para a *Amidáh* ter dezoito bênçãos é que elas equivalem às dezoito vértebras da coluna e do pescoço. A décima nona bênção, acrescentada posteriormente, equivaleria ao cóccix, a pequena vértebra na base da coluna, o que, por sua vez, evoca o conceito da energia *kundalini*, estudada pelos sábios orientais. Isso não significa que exista algum tipo de relação entre os ensinamentos judaicos e os orientais, mas apenas quer dizer que a coluna é mundialmente reconhecida como um importante condutor de energia. Além do mais, enquanto na meditação *kundalini* o meditante procura extrair a energia da base da coluna até alcançar a cabeça, na *Amidáh* a energia advém da mente, sendo distribuída pelo corpo.

Ainda segundo o Talmude, se uma pessoa não se inclinar no momento da bênção do louvor, sua coluna "torna-se uma serpente". Sem dúvida, isso não deve ser visto em termos físicos, e sim num sentido espiritual. Outro motivo alegado pelo Talmude para o número de bênçãos ser equivalente ao número de vértebras é o de que devemos inclinar o corpo o suficiente para afastar uma vértebra da outra. O Talmude também nos ensina que, ao nos curvarmos, devemos fazê-lo como uma haste, mas ao elevarmos o corpo devemos fazê-lo como uma serpente, elevando primeiro a cabeça e depois o tronco.

A energia *kundalini* também é vista sob a forma de uma serpente. Na tradição judaica, contudo, a serpente é encarada como a inimiga da humanidade. A serpente simboliza a tentação, simboliza aquele que usa a energia sexual para afastar o homem de Deus. É por esse motivo que o Talmude ensina que se a pessoa não se curvar durante a *Amidáh* sua coluna "se transformará numa serpente". Já na meditação *kundalini*, a coluna deve permanecer completamente ereta. Se o meditante permanecer nessa posição durante o serviço, sem curvar o corpo, sua coluna será impregnada pela energia *kundalini*, que é a serpente.

O ato de inclinar a cabeça e o tronco pode ser um modo de vencer essa energia da serpente, pois seu significado é o de levar a energia da cabeça para o resto do corpo, ao passo que a concepção de *kundalini* é a de levar a energia da região genital para o resto do corpo. Ao curvarmos o tronco, inclinamos a cabeça em direção ao corpo. Somente depois de assim proceder, impregnando o corpo de energia espiritual, podemos elevar a cabeça, "como uma serpente", e conduzir a energia da coluna à cabeça.

Desse modo, a *Amidáh* propõe-se a conduzir a energia espiritual pela coluna, distribuindo-a pelo corpo. É também por esse motivo que a oração deve ser recitada com os pés juntos. Como já foi mencionado anteriormente, essa seria a postura atribuída aos anjos. Durante a *Amidáh*, esforçamo-nos por adotar uma postura angelical, de modo que o espiritual predomine sobre o corpóreo.

CAPÍTULO 13

UNIFICAÇÃO

O *SHEMÁ* É A ORAÇÃO JUDAICA MAIS ANTIGA e mais importante, consistindo nas seguintes palavras:

Shemá Israel, Adonai Elohênu, Adonai Echád.
Ouve, ó Israel, Adonai [é] nosso Deus, Adonai é Um!

As palavras são extraídas da Torá (Dt. 6:4) e, sob muitos aspectos, esse versículo pode ser considerado o mais importante da Torá, que prescreve sua recitação duas vezes ao dia, pela manhã e à noite. Além disso, esse versículo é um elemento-chave nos pergaminhos contidos nos *tefilín*, usados durante o serviço diário, bem como na *mezuzáh*, afixada no batente das portas. O *Shemá* é mais do que apenas uma oração. Ele é a declaração básica de fé do povo judeu. É uma das primeiras coisas que se aprende, ainda criança, e as últimas palavras que devem ser proferidas antes da morte. Por toda a vida, deve-se recitar essa frase duas vezes ao dia, sem deixar de fazê-lo um dia sequer.

Aparentemente, o *Shemá* parece perfeito para ser utilizado como um mantra. No entanto, o Talmude não aconselha tal uso e declara que aquele que repete o *Shemá* em excesso deve ser silenciado. A acepção do *Shemá* é a de Unidade e, portanto, deve ser recitado apenas uma vez, a cada vez.

O Talmude observa que o *Shemá* possui um poder supremo para afastar as forças do mal, devendo ser recitado logo antes de dormir. Segundo o Talmude, é à noite que as forças do mal estão mais fortes, e o *Shemá* tem o poder de nos proteger contra elas. O motivo parece óbvio: o mal só tem poder quando visto como algo desconectado de Deus. Se pensarmos que pode haver uma força do mal separada de Deus, então poderemos ser prejudicados por ela. Contudo, se admitirmos que até mesmo o mal é criação de Deus, então ele não mais terá força sobre nós. O próprio Deus disse pela boca do Seu profeta: "Eu formo a luz e crio as trevas, faço a paz e crio o mal: Eu sou Deus, eu faço tudo isso" (Is. 45:7).

O *Zôhar* explica a existência do mal por uma parábola. Um dia, um rei decidiu testar seu filho para ver se este era digno de herdar o trono. Ele pediu ao filho que se afastasse de mulheres dissolutas e se mantivesse virtuoso, e então contratou os serviços de uma mulher para que tentasse o filho de todas as formas possíveis e imagináveis. O *Zôhar* faz, então, a seguinte pergunta retórica: "Esta mulher também não será uma fiel serva do rei?"

O objetivo do mal é o de nos tentar, e assim permitir que tenhamos livre-arbítrio. Sem a existência do mal, não teríamos outra alternativa a não ser fazer o bem e, nesse caso, não haveria virtude no bem que fizéssemos. Contudo, uma vez que Deus nos concedeu o livre-arbítrio e quer que façamos o bem porque assim desejamos, o mal desempenha um papel importante nos planos d'Ele.

Na parábola, assim que o príncipe percebe que a mulher foi contratada por seu pai, ela deixa de representar uma ameaça. O mesmo vale para o mal. De fato, o Baal Shem Tov se aprofunda ainda mais na utilização desse ensinamento do *Zôhar*. Diz ele: "Não sucumba ao mal; trate de superá-lo". Ele explica que, se o mal é um servo fiel do rei, então devemos ser igualmente fiéis. Se o mal faz a vontade de Deus, devemos nós fazê-la tão bem quanto ele.

Diz-se que o grande santo rabi Israel Meir Ha-Cohen (1838-1933), mais conhecido como o *Chaféts Chayím*, relata que, certa vez, numa fria manhã de inverno, levantou-se para fazer suas orações e o Impulso do Mal perguntou-lhe: "Como podes acordar tão cedo? Já és um velho, e está muito frio lá fora". O *Chaféts Chayím* retrucou: "Tu és ainda mais velho do que eu, e também já estás de pé". Esse é mais um exemplo de como se deve enfrentar o mal e tentar vencê-lo, ao invés de sucumbir a ele.

Seja como for, o *Shemá* declara que Deus é Um. Se Deus é Um, então seu objetivo também deve ser apenas Um. Uma vez que o objetivo de Deus na Criação era fazer o bem, o único motivo da existência do mal é aumentar a bondade do mundo. Se uma pessoa alcança a consciência profunda desse fato, as forças do mal não terão nenhum poder sobre ela.

Um paradigma dessa atitude pode ser encontrado no grande rabi Akiva (c. 50-135 E.C.) O rabi Akiva sempre advertia: "Tudo que o Misericordioso faz é para o bem". Ele enfrentou seu maior teste durante as perseguições de Adriano aos judeus, por volta de 135 E.C. Os romanos tinham decretado que ninguém poderia ensinar a Torá, sob pena de morte, mas o rabi Akiva ignorou a ordem e continuou exercendo sua vocação – professor de Torá. Ele foi preso e condenado a ter sua carne dilacerada por garras de ferro até morrer. Ainda assim, conta-se que ele se sentia feliz, uma vez que lhe foi concedida a oportunidade de sofrer e morrer como uma expressão de seu amor a Deus. Ele não ficou aterrorizado diante da tortura e da morte, pois possuía um amor mais forte que a própria morte.

Significativamente, as últimas palavras do rabi Akiva foram as do *Shemá*. Mesmo em meio ao sofrimento mais terrível, ele conseguiu vislumbrar a unidade e unicidade de Deus e, portanto, conseguiu enxergar Deus mesmo no sofrimento. O rabi Akiva foi discípulo de Nachúm Ish Gamzu durante 22 anos. Nachúm era chamado de Gamzu porque, independentemente do que acontecesse, ele sempre dizia: "Isto também [*gam zu*] é para o bem". Tal qual seu discípulo, a vida de Nachum foi muito sofrida mas, o que quer que lhe acontecesse, ele sempre conseguia ver aquilo como algo bom.

O *Shemá* é parte integrante do serviço matinal (*shacharít*) e do entardecer (*maaHv*), sendo recitado imediatamente antes da *Amidáh*, junto com uma série de orações importantes que o acompanham. Contudo, o *Shemá* também pode ser recitado separadamente, como uma meditação importante por si só.

Pelas próprias palavras que o compõem, é óbvio que o objetivo do *Shemá* era ser uma meditação. Se o único significado do *Shemá* fosse o de afirmar que Deus é Um, as palavras iniciais, "Ouve, ó Israel", seriam redundantes. Mas o *Shemá* nos convida a *ouvir* – ouvir e escutar a mensagem com cada célula de nosso corpo. O *Shemá* está nos dizendo para abrir completamente a nossa percepção, a fim de experimentar a unidade de Deus.

Também é significativo que a palavra "Israel" apareça no início da oração. Esse nome foi dado a Jacó depois que ele lutou com o anjo em seu caminho para casa, em Canaã. Segundo a Torá, "Israel" significa "aquele que luta com Deus" (Gn. 32:29).

No *Midrásh* e no *Zôhar*, existem dúvidas se o anjo com quem Jacó lutou era bom ou mau. No entanto, o que nos interessa é o fato de que, quando uma pessoa trava uma batalha com o espiritual, ela está se abrindo para o bem e para o mal, o que significa lutar tanto com as forças do bem quanto com as do mal.

Vários comentários consideram a experiência de Jacó como tendo ocorrido em um estado meditativo. Jacó não teria de fato lutado com um anjo, mas sentido a presença de um ser espiritual enquanto meditava. O nome "Israel", que Jacó recebeu, seria, então, pertinente à sua entrada em uma condição espiritual e às lutas que travou com as experiências que teve nesse estado.

É precisamente em estado meditativo que entramos em contato com o espiritual no nível mais profundo. O *Shemá* dirige-se à pessoa que busca esse contato, chamando-a por "Israel", como que invocando o "Israel" que existe em cada um de nós, a parte de nós que anseia por ultrapassar as fronteiras do físico, indo em busca do espiritual. O *Shemá* diz a esse "Israel" que ouça – que aquiete a sua mente por completo, abrindo-a para uma mensagem universal da unidade de Deus. A saber, o único momento em que conseguimos ouvir perfeitamente, sem nenhuma interferência, é no estado meditativo.

Em seguida, o *Shemá* continua: *"Adonai* é nosso Deus" (*Adonai Elohênu*). Essa é a mesma expressão encontrada no capítulo anterior, quando analisamos a *Amidáh*. Conforme mencionamos na ocasião, reconhecemos que Deus é um ente completamente diferente, que existe fora até mesmo dos domínios do tempo e do espaço. Ao falarmos *"Adonai"*, estamos falando de algo para o qual nossa mente não possui uma categoria em que possa encaixá-lo. Mas, no *Shemá*, chamamos *"Adonai"* de "Nosso Deus". Admitimos que podemos estabelecer uma relação com Deus e experimentar Sua proximidade de tal forma que podemos chamá-Lo de "nosso".

Trata-se de uma ideia digna de nota: pensamos sobre o Infinito e ainda assim O chamamos de nosso. O fato de Deus permitir que O chamemos de "Nosso Deus" é a maior das dádivas possíveis.

O *Shemá* termina dizendo que *"Adonai* é Um" (*Adonai echád*). Tal afirmação significa que, embora possamos experimentar o Divino de várias e diferentes maneiras, elas todas são uma só maneira, e possuem todas uma única fonte. Admitimos que há uma Unicidade básica no Universo, e além dele; em nossa busca pelo transcendental, é exatamente essa Unicidade que estamos procurando. Vemos em Deus a maior Unidade absoluta imaginável, a Unidade que unifica toda a Criação.

À medida que aumenta nossa percepção desse fato, começamos a ver, cada vez mais, que em última análise não existe pluralidade. Se a pluralidade não existe, Deus e nós somos Um. Percebemos isso em profundidade ao pronunciarmos a palavra "Um" (*echád*) durante o *Shemá*. Nessa etapa, deve-se levantar uma questão: se Deus e nós somos Um, como continuamos a existir? Se Deus e nós somos Um, não há espaço para que tenhamos uma personalidade independente da d'Ele. Como então é possível experimentar esse sentimento de Unidade com Deus? A resposta a essa pergunta é que estamos diante de um paradoxo. Afirmar que eu existo e que Deus existe e que Ele e eu somos Um é o mesmo que dizer que $1+1 = 1$, o que é logicamente impossível.

Contudo, não podemos dizer que a lógica é maior do que Deus, muito pelo contrário. Como Deus criou tudo, Ele também criou a lógica, que é um de Seus instrumentos, e Ele nunca é limitado por ela. Portanto, Deus não vê nenhum problema em um mais um ser igual a um, desde que Ele assim o deseje. Da mesma forma, é possível para Deus permitir que nós e Ele sejamos Um, e ainda assim permitir que vivamos para sentir essa experiência.

Esse princípio permite que compreendamos todos os paradoxos teológicos. Em um sentido amplo, ao criar o mundo, Deus limitou-Se pela lógica. Uma vez que Ele criou o homem à Sua imagem e semelhança, o homem se vale da mesma lógica utilizada na Criação e, portanto, é capaz de compreendê-la. Contudo, quando convém a Deus, ele pode transcender a lógica, e é isso que percebemos como um paradoxo. De fato, a ideia de uma vontade Divina é, por si só, um paradoxo. Se Deus é o Criador de *todas as coisas*, Ele também deve ser o Criador do conceito de vontade. Mas como pode Deus criar a vontade sem que isso já seja um ato de vontade? Sob certo aspecto, a ideia da criação da vontade em si já é paradoxal por natureza; seria como alguém levantar a si mesmo do chão puxando pelos cadarços dos próprios sapatos.

A expressão mais poderosa da vontade é o amor, que também é parte integrante do *Shemá*. Como sabemos, as letras hebraicas possuem um valor numérico, correspondente à sua posição no alfabeto. A palavra אחד – *echád*, que significa "um", apresenta o valor numérico de treze (1+8+4). No entanto, esse também é o valor numérico da palavra אהוה – *ahaváh*, (1+5+2+5), a palavra hebraica para "amor" – o poder que desfaz barreiras e unifica os opostos. Duas pessoas que se amam profundamente tornam-se uma. Segundo a Torá, "Por isso um homem deixa seu pai e sua mãe, une-se à sua mulher, e eles se tornam uma só carne" (Gn. 2:24). Mas o amor e a unidade entre o ser humano e Deus é maior que o amor e a unidade existente entre um homem e uma mulher.

Há várias orações ou "bênçãos" que acompanham o *Shemá* quando este é recitado como parte do serviço matinal. As últimas palavras antes do *Shemá* propriamente dito são: "Bendito sejas Tu, ó Eterno, que escolheu Seu povo Israel por amor". Portanto, a palavra imediatamente anterior à *Shemá* é a palavra "amor", no contexto de uma bênção que fala do amor de Deus por Seu povo.

Imediatamente depois do *Shemá,* temos o mandamento "Amarás ao Senhor teu Deus com todo o teu coração, com toda a tua alma e com todo o teu poder" (Dt. 6:5). Esse mandamento fala do amor que devemos ter por Deus. Vemos, então, que o *Shemá* está situado, por assim dizer, entre o amor de Deus por nós e o nosso amor por Ele, confirmando a Unidade encontrada no *Shemá.*

O *Shemá* pode ser proferido como uma oração ou como uma declaração de fé, e assim fazem os judeus no mundo inteiro. No entanto, se estivermos mentalmente preparados e proferirmos as palavras bem lentamente, o *Shemá* pode ser também uma meditação poderosíssima. De fato, a própria Torá recomenda que o *Shemá* seja recitado duas vezes ao dia, levando-nos a crer que talvez ele tenha sido originalmente ditado ao povo de Israel como uma breve meditação diária.

A técnica consiste em proferir as palavras bem lentamente, semelhante ao modo como utilizamos a *Amidáh* para meditar. Na *Amidáh*, conforme mencionado no Capítulo 11, recomendamos que se recitasse uma palavra a cada sete segundos. O ritmo do *Shemá* pode ser ainda mais lento. Pode-se demorar cerca de quinze ou vinte segundos em cada palavra e, à medida que se for adquirindo experiência, é possível estender ainda mais esse tempo. Durante as pausas entre as palavras, deixamos que o significado de cada uma penetre nos recônditos mais profundos do nosso ser.

É mais fácil utilizar o *Shemá* como uma forma de meditação do que a *Amidáh*, uma vez que a parte principal do *Shemá* resume-se a seis palavras, sendo mais fácil de decorar. Antes de utilizar essas palavras como uma forma de meditação, devemos não só decorá-las como conhecer bem o significado de cada uma. Ao recitar o *Shemá* como uma meditação, devemos permanecer sentados, com os olhos fechados e completamente imóveis.

O *Shemá* pode ser utilizado como uma meditação, seja sozinho ou como parte dos serviços regulares. É preferível recitá-lo como parte do serviço, particularmente o matinal, que lhe oferece uma introdução e um contexto adequados. Nesse serviço, o *Shemá* é precedido de duas orações ou "bênçãos", conforme a designação do Talmude. A primeira bênção começa com uma descrição do mundo astronômico. A mente eleva-se até o Sol, a Lua, as estrelas e além delas, contemplando a imensidão do espaço, muito além da nossa compreensão. No entanto, enquanto medita sobre a imensidão do universo, o meditante percebe que esse universo funciona segundo a vontade de Deus.

Em seguida, a mente transcende o mundo astronômico, alcançando os domínios do espiritual, o mundo dos anjos, onde nos juntamos a eles em sua reverência diária a Deus: "Santo,

MEDITAÇÃO JUDAICA ■ 159

Santo, Santo é o Senhor das Hostes, Sua glória preenche toda a terra (Is. 6:3) e "Bendita seja a Glória de Deus desde a Sua morada!" (Ez. 3:12). Nossa mente vai atingindo estágios cada vez mais elevados, juntando-se aos anjos mais excelsos em sua busca pelo Divino.

A segunda bênção fala do "Mundo de Amor", quando meditamos sobre o amor demonstrado por Deus e percebemos como nos aproximamos d'Ele por meio da Torá e dos mandamentos. Percebemos esse amor e meditamos sobre ele, levando-o aos recônditos mais profundos do nosso ser. Em seguida, recitamos o *Shemá*.

Ao recitarmos o *Shemá* como parte do serviço matinal, automaticamente passamos por todos esses estágios. No entanto, mesmo que o recitemos separadamente, como uma meditação, podemos passar por todos esses estágios como parte de uma preparação pessoal. Em ambos os casos, o *Shemá* deixa de ser apenas uma meditação, transformando-se numa experiência máxima de amor e proximidade com Deus.

As palavras imediatamente após o *Shemá* costumam ser traduzidas no imperativo – "Amarás a Deus, teu Senhor..." – para denotar um mandamento. Contudo, nada impede que se digam as mesmas palavras como uma simples afirmação no futuro: "Amarás a Deus, teu Senhor". Essas palavras significam que, se ouvirmos a mensagem de que Deus é nosso e de que Ele é Um, automaticamente iremos amá-Lo. O amor a Deus seria uma consequência natural da experiência da Sua essência e Unidade.

Há, ainda, outro elemento importante no *Shemá* como meditação, que é relativo à grafia da palavra. *Shemá* escreve-se ש – *shin*, מ – *mem*, e ע – *áyin*. No *Sêfer Yetsiráh*, ש – *shin* e מ – *mem* são descritas como duas das três "letras-mães".

É fácil compreender por que *shin* e *mem* são importantes. ש – *shin* tem o som de **sh** e, portanto, de todas as letras do alfabeto hebraico é a que possui o som mais próximo do ruído branco, aquele que contém todos os comprimentos de onda possíveis, geralmente percebido como um som sibilante. Num osciloscópio, o som do **sh** pareceria completamente caótico e desestruturado.

O oposto do ruído branco é o som puro e harmônico. Trata-se de um zumbido, como o som de um diapasão. No osciloscópio, esse som aparece como uma linha ondulada perfeita, a síntese da ordem e da regularidade. Esse é o som de מ – *mem*.

Portanto, ש – *shin* representa o caos, enquanto מ – *mem* representa a harmonia. Segundo o *Séfer Yetsiráh*, ש – *shin* representa o fogo, enquanto מ – *mem* representa a água. ש – *shin* representa um estado de consciência caótico, fervilhante, enquanto מ – *mem* representa um estado tranquilo e harmônico. Isso é significativo, uma vez que em várias tradições meditativas o som do **m** é encarado como um som que tranquiliza, trazendo paz interior, como se o som fosse o condutor da harmonia que se procura no estado meditativo. Já o som do **sh** estaria mais relacionado ao nosso estado de consciência normal, diário. É ainda interessante observar que "o murmúrio de uma brisa suave" (1Rs 19:12), a forma como Elias ouviu Deus, é traduzido no *Séfer Yetsiráh* como um "belo som, lembrando um murmúrio". Parece que o som do **m** está intimamente associado à profecia.

Várias palavras hebraicas que tendem a focalizar a mente em um único objeto são constituídas com essas duas letras-mães. Assim, a palavra hebraica para "nome" é שֵׁם – *shem*, grafada *shin mem*. Analogamente, a palavra para "lá" é שָׁם – *sham*. Tanto *shem* quanto *sham* conotam a transição do caos geral para a harmonia particular. Um "nome" separa um objeto do caos à sua volta, enquanto "lá" separa um lugar do caos representado por todos os lugares. As duas palavras, portanto, denotam a transição da ideia de *shin* para a de *mem*.

Um exercício discutido nos comentários do *Séfer Yetsiráh* foi considerado eficaz para atingir um estado meditativo de forma simples e rápida. O exercício consiste em alternar os sons de

ש – *shin* e מ – *mem*. Primeiro, emite-se um dos sons durante a expiração; em seguida, inspira-se e depois pronuncia-se o outro som durante o mesmo intervalo de tempo. Eis o padrão: "ssssss", inspira, "mmmmmm", inspira, "ssssss", inspira, "mmmmmm", inspira, e assim por diante. A inspiração é feita silenciosamente e representa a terceira "letra-mãe", a letra muda, א – *álef*. Esse método meditativo de alternar os sons do **sh** e do **m** mergulha o meditante no som do **m**. Ao praticar esse exercício durante algum tempo, o meditante adquire a capacidade de entrar em um estado meditativo pelo simples murmurar do som **m**.

É bastante significativo o fato de que as duas primeiras letras do *Shemá* sejam *shim* e *mem*. A verdadeira escuta envolve a transição do estado de consciência normal, "*shin*", para o estado de consciência meditativa, "*mem*", o que pode ser alcançado logo com a primeira palavra do *Shemá*.

Shemá é grafada שמע (ש – *shin*, מ – *mem*, ע – *áyin*). Segundo o *Zóhar*, a última letra, ע – *áyin*, é significativa porque corresponde ao valor numérico setenta. De modo geral, o número setenta é encarado como representante da pluralidade existente no mundo terreno, ou seja, *áyin* representa as setenta forças diferentes da Criação, manifestadas pelas setenta nações e pelos setenta idiomas, bem como pelos setenta descendentes que acompanharam Jacó ao Egito. Ao ouvirmos a mensagem de Unidade no *Shemá*, trazemos essas setenta forças aos ouvidos e à mente, unificando-as com o Divino.

O *Shemá* pode ser compreendido em vários níveis. Contudo, como meditação, o mais importante é permitir que o significado de cada palavra penetre na mente. Mas não devemos compreender o significado das palavras com a razão, e sim com a alma.

CAPÍTULO 14

A ESCADA

UMA DAS PASSAGENS MAIS VÍVIDAS DA TORÁ é a do sonho de Jacó, no qual ele vê "uma escada que se erguia sobre a terra e o seu topo atingia o céu" (Gn. 28:12). Há um *midrásh* contando que essa escada tinha quatro níveis. Segundo os grandes místicos judeus, eles representam os degraus que se devem subir para alcançar o nível mais elevado dos domínios espirituais.

Segundo os ensinamentos, esses quatro degraus representam os quatro patamares de envolvimento na meditação: ação, fala, pensamento e o nível acima do pensamento. Conforme já mencionamos, o nível acima do pensamento é experimentado como o Nada. Esses quatro níveis também encontram um paralelo nas letras do Tetragrama, יהוה – YHVH (veja o Capítulo 7).

O primeiro nível é o da ação, quando ainda estamos envolvidos com nosso corpo. Seu equivalente seria a letra ה – *heh* final do Tetragrama, que representa a mão que recebe. É pelo corpo que recebemos todas as bênçãos de Deus. A "mão" que Deus nos proporcionou para que recebamos Sua energia é o corpo, que Ele criou segundo a imagem Divina. Desse modo, o primeiro nível, e o menos elevado, é o envolvimento com o corpo e com a ação.

O segundo nível é o da fala. Nesse nível, tomamos consciência de que estamos nos comunicando com o Divino. A fala é o poder angelical imbuído no homem, por meio do qual podemos transcender nossa natureza animal. Além disso, a fala preenche a lacuna entre o físico e o espiritual, entre Deus e o homem. Portanto, seu equivalente seria a letra ו – *vav* do Tetragrama, que representa o braço que Deus estende até nós. Essa letra representa a conexão, equivalendo, assim, à fala que conecta Deus ao homem.

O terceiro nível é o do pensamento. É pelo poder do pensamento que conseguimos reter o que podemos do Divino. Desse modo, seu equivalente seria a primeira letra ה – *heh* do Nome Divino, que representa a "mão de Deus que segura". O pensamento, portanto, é a "mão que segura" cada experiência do Divino que possamos ter.

Por último, há o nível além do pensamento, experimentado como o Nada, que é a experiência inefável do próprio Divino. Trata-se de uma experiência que se manifesta tão somente quando nos desligamos de todos os pensamentos e entramos nos domínios da experiência pura, a qual está além do pensamento.

Os cabalistas ensinam que o serviço matinal (*shacharít*) divide-se segundo esses quatro degraus, a saber:

1. Leituras Introdutórias
2. Versos de Louvor
3. O *Shemá* e suas bênçãos
4. A *Amidáh*

Em capítulos anteriores, já analisamos o *Shemá* e a *Amidáh*. Vejamos agora como elas se encaixam no contexto do restante do serviço. As Leituras Introdutórias iniciam-se com as bênçãos com que agradecemos a Deus pela nossa natureza física. Essas bênçãos incluem as de agradecimento pelo bom funcionamento de nosso organismo, pela capacidade de ficarmos de pé, andar e atuar no mundo físico.

Conforme já mencionamos, a palavra "bendito", quando atribuída a Deus, denota Sua imanência no mundo. Ao recitarmos as bênçãos pelo bom funcionamento do organismo, estamos nos

164 ■ ARYEH KAPLAN

autossensibilizando em relação ao Divino que é imanente em nossos corpos. Portanto, mesmo que nesse nível ainda não tenhamos entrado em contato com nossa natureza espiritual, percebemos nosso corpo como um receptáculo para o espiritual. Esse é o nível da "mão que recebe", já mencionado anteriormente.

A segunda metade da seção introdutória consiste em leituras relacionadas ao sistema de sacrifícios, que envolvem tanto vegetais como animais. Para entender o significado dessas leituras no serviço, devemos compreender o papel do sacrifício na antiga Israel. A palavra hebraica para sacrifício é *korbán*, cujo significado literal é "aquilo que é trazido para perto". O sacrifício de animais, portanto, era visto como um meio de aproximação com Deus.

Segundo os ensinamentos do Talmude, o homem é metade animal e metade anjo. O corpo é o receptáculo da natureza animal do homem, enquanto a alma é o receptáculo de sua natureza angelical. Uma vez que o corpo é o recipiente da alma, a natureza animal do homem é o receptáculo de sua natureza angelical.

Há ocasiões em que o homem deve aprimorar sua natureza animal e utilizá-la como um meio de servir a Deus. A Torá nos diz que "Amarás ao Senhor teu Deus com todo o teu coração, com toda a tua alma" (Dt. 6:5). Segundo o Talmude, "teu coração" representa a natureza animal do homem e "tua alma" representa sua natureza angelical. O versículo ensina, portanto, que ambos devem ser dedicados ao amor a Deus.

Os sacrifícios de épocas remotas eram queimados no Grande Altar do Templo Sagrado em Jerusalém, simbolizando que o animal contido no homem também desempenhava um papel no ato de servir a Deus. Uma vez que o corpo é o receptáculo do Divino, o corpo e a sua natureza animal também deviam ser "trazidos para junto" de Deus.

Assim, as Leituras dos Sacrifícios nas Leituras Introdutórias são um modo de nos conscientizarmos de que nossos corpos são vasos para o Divino. Nessa etapa do serviço, ainda estamos preocupados com a ação e o corpo físico, mas já estamos começando a nos conectar com o espiritual.

A segunda parte do serviço é conhecida como "Versos de Louvor", consistindo em salmos e outros louvores bíblicos a Deus. Essa parte do serviço encontraria um equivalente no nível da fala. Ao recitarmos esses versículos bíblicos, estamos nos valendo da fala para nos conectar com Deus. Nessa parte do serviço, devemos ter plena consciência do processo por meio do qual proferimos as palavras. Devemos nos concentrar em nossa língua e em nossos lábios, sentindo como articulamos cada som. Isso pode, inclusive, funcionar como uma contemplação. Também devemos ouvir atentamente cada som e cada palavra à medida que formos proferindo esses louvores a Deus.

Em hebraico, essa seção é conhecida como *pessukêi dezimrá*, literalmente, "versículos de *zimrá*". A palavra hebraica *zimrá* apresenta dois significados: pode significar "louvor", mas também tem a acepção de "cortar". Segundo os cabalistas, os versículos de *zimrá* nos ajudam a separar (cortar) nosso ser do físico. Se o homem é metade animal e metade anjo, a fala se encontra associada tão somente com a sua porção angelical. De fato, no trecho em que a Torá afirma: "Então o Senhor Deus modelou o homem com a argila do solo, insuflou em suas narinas um hálito de vida e o homem se tornou um ser vivente" (Gn. 2:7), o *Targúm* (a tradução aramaica autorizada) traduz "ser vivente" como "alma falante". No homem, a capacidade da fala está intimamente associada à sua natureza espiritual.

Portanto, durante a segunda parte do serviço, tomamos consciência de nossa própria espiritualidade e da conexão que estabelecemos com Deus. O louvor que entoamos nos conduz ao espaço dessa conexão, onde podemos transcender nossa natureza física. Para nós, nada mais existe, além de nossa conversa com Deus. Por esse motivo, os místicos judeus afirmam que adentramos o "Mundo da Fala", uma vez que, nesse estado, a fala equivale a todo o nosso mundo.

Vemos, portanto, que existe uma transição importante nas duas primeiras seções do serviço. Nas Leituras Introdutórias adejamos sobre o mundo físico mas ainda estamos ligados a ele. Nos Versos de Louvor, começamos a transcender o mundo físico.

Os Versos de Louvor são concluídos com a Canção do Mar Vermelho (Ex. 15). Após o Êxodo do Egito, o povo israelita foi perseguido pelos egípcios. Deus os salvou dividindo o Mar Vermelho ao meio e permitindo a sua passagem. Os egípcios que perseguiam os israelitas pelas águas divididas morreram afogados quando o mar retornou ao normal. Os israelitas só alcançaram a liberdade total depois que atravessaram o Mar Vermelho.

Segundo os cabalistas, o Exílio Egípcio representa estados de consciência limitados, imaturos ou de consciência contraída (*mochín de-katnút*). No final dos Versos de Louvor emergimos dessa consciência limitada para um estado de consciência ampliada (*mochín de-gadlút*), ocorrendo essa transição ao recitarmos a Canção do Mar Vermelho.

Após concluirmos os Versos de Louvor, estamos prontos para a terceira parte do serviço, que consiste no *Shemá* e suas bênçãos. Diz-se que essa seção do serviço corresponde ao "Mundo do Pensamento". A ascensão espiritual aqui ocorrida dá-se exclusivamente no pensamento. Nos Versos de Louvor a fala era mais importante que o pensamento; no *Shemá* e nas suas bênçãos, o pensamento é mais importante que a fala. Nesse estágio, nos encontramos em um estado de consciência ampliado, em que o pensamento é todo o nosso mundo. O ápice dessa seção é o próprio *Shemá*, quando todo o pensamento é preenchido pela unidade de Deus.

Diz-se que essas três primeiras seções do serviço seriam equivalentes aos três níveis menos elevados da alma. Em hebraico, o nível menos elevado da alma é conhecido como *néfesh*; em seguida, vem *rúach* e o nível mais elevado é *neshamáh*. A palavra *néfesh* tem origem em uma raiz que significa "descansar", enquanto *rúach* significa "vento" e *neshamáh* é associada à respiração.

Para explicar o significado desses três níveis, os cabalistas fazem uma analogia com o soprador de vidro, que seria o Divino, enquanto nós seríamos o vidro. O processo de soprar o vidro começa com a expiração (*neshamáh*), soprando para dentro do tubo que vai dos lábios do soprador ao vidro. Esse sopro vai insuflar ar por todo o tubo, como se fosse um vento (*rúach*), até alcançar o vidro propriamente dito. Por fim, o sopro penetra no vidro, ali descansando (*néfesh*) e amoldando o vidro segundo a vontade do soprador.

No caso da alma, o "soprador" é o Divino. Ao descrever a criação do homem, a Torá comenta: "Deus modelou o homem com a argila do solo, insuflou em suas narinas um hálito [*neshamáh*] de vida" (Gn. 2:7). O nível mais elevado da alma, portanto, é a *neshamáh*, como que representando o "sopro de Deus". Esse é o "vidro" que retém a natureza espiritual que Deus deseja nos dar, podendo ser comparado à "mão que oferta", a primeira letra *heh* do Tetragrama.

O segundo nível é *rúach*, o "vento", que seria a expiração de Deus penetrando em nosso ser. Esse "vento" é encarado como a conexão entre os "lábios" de Deus e o homem, podendo ser comparado à letra *vav* do Tetragrama e ao mundo dos anjos, que também apresenta o significado de "transição". É significativo observar que a palavra *rúach* está sempre associada à experiência espiritual, e a expressão "o Santo Espírito" (*Rúach ha-Kódesh*) é praticamente um sinônimo para "profecia".

Por último, encontramos o nível de *néfesh*, o nível menos elevado da alma, que faz uma interface com o físico. Trata-se do nível em que somos capazes de aceitar a espiritualidade que Deus deseja nos dar. Desse modo, estaríamos diante de um equivalente da "mão que recebe", a letra *heh* final do Tetragrama. Uma vez que esta parte da alma é muito pouco ativa, sendo essencialmente passiva, ela é chamada de *néfesh*, cuja tradução literal seria "alma em repouso". Ao comentar sobre os castigos impostos a alguns pecados graves, a Torá nos fala: "Esta alma [*néfesh*] deve ser extirpada". Trata-se de um comentário sobre a *néfesh*, o nível da alma por meio do qual podemos receber amparo espiritual de Deus. Quando ela é extirpada da *rúach*, nossos elos com a fonte espiritual também são cortados.

Esses três níveis da alma representam os três níveis do espaço interior, percorridos nas três primeiras partes do serviço da manhã. Nas Leituras Introdutórias tomamos consciência da *néfesh*, a parte da alma que funciona como uma interface com o corpo. Trata-se do nível da ação, em que a pessoa percebe o corpo como um receptáculo para o espiritual. Nesse nível, não sentimos o espiritual, mas sabemos que o corpo está intimamente ligado a ele.

Nos Versos de Louvor, tomamos consciência do nível de *rúach*, o vento-espírito divino, o espaço interior onde temos completa consciência de nossa natureza espiritual e de nossa conexão com Deus. Esse é também o nível da fala, pois a fala percorre o espaço da mesma forma que o vento. Ao recitar as palavras dessa seção, tente sentir o "vento" divino soprando através do seu ser.

Não é por acaso que a palavra *rúach* tem a acepção de "vento" e de "espírito". Estamos tão familiarizados com o oceano de ar onde vivemos que nem prestamos atenção a ele. Da mesma forma, nem prestamos atenção ao oceano de espiritualidade que nos rodeia. Contudo, quando o ar emite energia e se movimenta, sentimos isso como um vento (*rúach*); quando o espiritual emite energia e se movimenta, passamos pela experiência do espírito (*rúach*). A segunda seção do serviço traz à tona esta experiência.

Na terceira parte do serviço, que consiste no *Shemá* e suas bênçãos, alcançamos o Mundo do Amor e os domínios da Unidade. Nessa etapa, percebemos a *neshamáh*, a Expiração de Deus. Há uma enorme diferença entre a sensação de espaço interior que percebemos no *rúach* e na *neshamá*. Trata-se da diferença entre sentir um vento e uma respiração. O vento tem energia e força, mas é impessoal. A respiração é algo pessoal e íntimo. Sentir a respiração de alguém que amamos é uma experiência muito sensual.

Desse modo, na terceira seção do serviço, passamos pela experiência da *neshamáh*, na qual sentimos intimidade com Deus, como se fôssemos atingidos pelo sopro de sua respiração. Esse seria o nível do amor e da unidade divinos.

Após o *Shemá*, novamente se repete a história do Êxodo e certas frases-chave da Canção do Mar. Isso também é uma transição, mas em direção a um novo nível de consciência, ainda mais ampliado, que conduzirá à *Amidáh*. A terceira parte do serviço é concluída com a bênção "Bendito sejas Tu, Eterno, Redentor de Israel". Nesse trecho, o "Israel" no interior do indivíduo é "redimido", sendo-lhe permitida a entrada nos recônditos mais profundos dos domínios do Divino.

Tal etapa é atingida na quarta parte do serviço, a *Amidáh*. Nela, adentramos os domínios que transcendem o pensamento. Na *Amidáh* não pensamos nas palavras que proferimos, mas as vivenciamos. Isso não significa que não tenhamos consciência das palavras. Muito pelo contrário, temos perfeita consciência delas, mas em um nível que ultrapassa o pensamento e penetra cada célula do nosso ser, como se as palavras preenchessem toda a nossa consciência, e seu significado mais profundo se unificasse com os recônditos mais profundos de nossa alma.

Esse nível equivale à letra *yód* do Tetragrama. Não se trata do nível da "mão" ou da "mente" que retém a essência divina, mas da essência em si. Portanto, nesse nível estamos completamente conscientes da essência de cada palavra.

Esse nível, o quarto, corresponde a um estrato ainda mais elevado da alma, acima mesmo da *neshamáh*, sendo conhecido como *chayáh*, que significa, literalmente, "força vital". Se o nível da *neshamáh* implica a percepção da respiração do Divino, o nível da *chayáh* é o da percepção da própria força vital divina.

Segundo o *Zôhar*, o beijo é a junção de uma respiração a outra. O amor tem início com a atração física; em seguida, quando os amantes começam a se comunicar, eles começam a falar um com o outro. À medida que ficam mais íntimos, param de falar e ficam simplesmente prestando atenção na respiração um do outro. Por fim, quando se tornam mais íntimos ainda, sua comunicação transforma-se num beijo, em que se estabelece o verdadeiro contato físico. Nesse momento, durante o beijo, eles percebem a força vital que emana de cada um. O beijo, portanto, é a consequência natural de uma intimidade maior no processo da fala. Os lábios ficam cada vez mais próximos e passam da fala à respiração, até chegar ao beijo. Encontramos esses mesmos níveis na relação de uma pessoa com o Divino.

O objetivo do serviço é conduzir a pessoa por meio desses quatro níveis. Nas Leituras Introdutórias, é por meio de nosso corpo físico que nos sentimos atraídos por Deus. Nos Versos de Louvor, comunicamo-nos com o Divino pela fala. No *Shemá* e suas bênçãos, experimentamos a intimidade com o Divino por meio da respiração. Por fim, chegamos à *Amidáh*, ao beijo, ao nível em que a comunicação é feita por meio da própria força vital. É significativo observar que o nível de comunicação da *Amidáh* é o da força vital, uma vez que a palavra hebraica para "vivo" é *chái* – חי , equivalendo ao número dezoito (8+10), que também é o número básico de bênçãos da *Amidáh*.

Após a *Amidáh*, há uma quinta seção do serviço, conhecida como "Descida do Fluxo" (*yeridát há-shéfa*). Neste estágio, tentamos levar os níveis espirituais atingidos durante o serviço para a nossa vida diária. Não basta passar pela experiência; é preciso apossar-se dela e conservá-la para o resto da vida.

Vemos, portanto, que o serviço diário é muito mais do que uma mera "ordem de orações". Trata-se, na verdade, de uma peregrinação espiritual na qual passamos de um nível de espiritualidade a outro, mais elevado, adquirindo uma intimidade cada vez maior com o Divino. Trata-se de uma experiência meditativa diária, capaz de nos proporcionar efeitos espirituais incrivelmente profundos.

CAPÍTULO 15

EM TODOS OS
TEUS CAMINHOS

UM DOS ENSINAMENTOS FUNDAMENTAIS do judaísmo é o de
que a pessoa pode vivenciar a proximidade com Deus em tudo
aquilo que faz. O Talmude baseia esse ensinamento no versículo
"Em todos os teus caminhos, conhece-O" (Prov. 3:6) e afirma
que esse curto versículo "contém toda a essência da Torá". Segundo ele, não importa o que estejamos fazendo, todos os nossos atos
podem ser dedicados a Deus – atos a serviço de Deus. Até a mais
cotidiana das atividades pode atuar como um elo com o Divino.

Tomemos uma tarefa rotineira, algo que precisa ser feito, tal
como lavar a louça. Pode até ser uma tarefa banal; contudo, se a
considerarmos um ato a serviço de Deus, ela pode ser uma experiência de exaltação pela qual nos aproximamos do Divino. Tudo
depende da intenção. Ao lavar a louça, podemos pensar no fato
de que ela estará limpa para a próxima refeição. A refeição será
feita, de forma que a família terá forças para mais um dia, e talvez
adquira uma nova e mais profunda experiência de Deus. Recita-
remos as bênçãos pelo alimento, transformando o ato de comer
em um sacramento. Assim, lavar a louça, pelo menos indireta-
mente, pode ser visto como um meio pelo qual é possível apro-
ximar-se de Deus por outras vias. O ato, em si, também pode ser
uma experiência de elevação. Imaginemos estar prestes a prepa-
rar uma refeição para a pessoa que mais amamos no mundo.

Imaginemos que não se trate de uma refeição comum, mas de uma refeição destinada a celebrar uma conquista importante na vida. Todo o amor que sentimos por aquela pessoa estará inserido na preparação da refeição. E será uma refeição especial, simplesmente perfeita.

Imaginemos, agora, que estejamos lavando a louça que será usada na refeição. Queremos que a louça esteja perfeitamente limpa e brilhante, sem a menor sujeira ou mancha. O ato de lavar a louça também seria, então, um ato de amor.

Pensemos por um momento no maior amor que já tivemos na vida. Quem já amou profundamente sabe que há um estágio em que a mente se torna quase que obcecada pela pessoa amada. Não importa o que se esteja fazendo – comendo, dormindo, trabalhando –, a pessoa amada paira em um canto da consciência. Tudo o mais é destituído de importância – como se apenas deixássemos o tempo passar, até poder ver ou falar com a pessoa novamente. Os demais prazeres do mundo são secundários diante do prazer de estar na presença do ser amado.

É possível amar a Deus dessa maneira, e com uma intensidade ainda maior. Há um nível de amor em que se deseja e anseia constantemente pela proximidade com Deus. Não importa de que outros prazeres se desfrute, nada se compara a essa sensação de proximidade. O verdadeiro amor a Deus é capaz de superar até a maior paixão que possa existir entre um homem e uma mulher. Quando a pessoa sente esse amor por Deus, mesmo um ato tão banal como lavar a louça torna-se uma expressão desse amor. Assim, quanto mais nos concentramos no ato de lavar a louça, tanto mais intenso e maior torna-se o amor. O ato, em si, torna-se uma expressão do amor.

Quanto mais conscientes nos tornamos do amor de Deus por nós, tanto mais abertos nos tornamos para amar a Deus. Se nos concentramos no que estamos fazendo, mesmo um ato tão humilde quanto lavar um prato é capaz de nos conectar com

Deus. Podemos dizer a nós mesmos: agora estou lavando um prato porque estarei compartilhando uma refeição com Deus, e eu amo a Deus mais do que a tudo no mundo.

Mesmo um ato rotineiro pode se tornar um veículo de contato do amor de Deus por nós e de nosso amor por Ele. É como se o amor de Deus estivesse de um lado, nosso amor de outro, e o ato no meio. De certa forma, já discutimos o assunto ao analisarmos o *Shemá* (veja o Capítulo 13). Como foi observado, a oração imediatamente anterior ao *Shemá* termina com a declaração do amor de Deus por Israel; após o *Shemá*, dizemos: "Amarás ao Senhor teu Deus com todo o teu coração..." Vimos de que forma o *Shemá*, como expressão da unidade de Deus, atua como ponte entre esses dois amores. Assim, quando a pessoa deseja fazer que determinada ação represente a conexão entre os dois amores, a ação, em si, deve ser uma expressão da unidade de Deus. Eis como podemos compreender tal ideia:

Se Deus é Um, então Ele e Sua vontade também são Um. Como Deus é absolutamente Um, então Ele deve ser idêntico à Sua vontade.

Por outro lado, as coisas existem apenas porque é vontade de Deus que elas existam. Se não houvesse a vontade de Deus de que determinado objeto existisse, este simplesmente deixaria de existir. Deus deu existência a cada coisa por meio de Sua vontade, e é apenas por meio da Sua vontade que essa coisa pode continuar a existir. Essa assertiva implica que a vontade de Deus está em tudo. Porém, se Deus é idêntico à Sua vontade, então Ele também deve estar em tudo. Assim, toda ação e todo objeto devem estar permeados pela essência de Deus.

Imaginemos agora que estejamos lavando a louça. Estamos concentrados no ato de lavar a louça, eliminando todos os outros pensamentos da mente. Qualquer outro pensamento que penetre na mente é suavemente posto de lado, de forma que a tarefa preencha integralmente a mente. Estamos conscientes do ato que estamos realizando e, no que nos diz respeito, nada mais existe no Universo. Concentremo-nos por um momento na louça e conscientizemo-nos de que ela é uma expressão da vontade e da essência de Deus. Embora possa estar oculta, há uma centelha do Divino na louça. Há também uma centelha do Divino na água com que lavamos a louça. Quando desenvolvemos esse tipo de consciência, o ato mais corriqueiro torna-se uma íntima experiência do Divino.

Esse conceito está manifestado de forma ainda mais explícita nos ensinamentos judaicos relacionados aos alimentos. Ensina-se que, ao comer, devemos nos concentrar totalmente no alimento e na experiência de ingeri-lo, limpando a mente de todos os outros pensamentos. Devemos ter em mente que o sabor do alimento é também uma expressão do Divino encerrada naquele alimento e que, ao ingeri-lo, estamos incorporando essa centelha do Divino em nosso corpo. Também devemos ter consciência de que dedicaremos a energia obtida desse alimento ao serviço de Deus. Ensina-se que, agindo assim, é como se aquele alimento fosse um sacrifício no Grande Altar de Jerusalém.

Assim, o simples ato de comer pode ser uma forma de meditação, como também um meio pelo qual nos aproximamos de Deus. É por essa razão que nos foi ordenado recitar bênçãos antes das refeições. Elas variam segundo o alimento, e a maioria dos livros de orações contém uma lista completa delas. Cada tipo de alimento tem sua própria bênção. A bênção pelo alimento que cresce em uma árvore, por exemplo, é a seguinte:

Barúch Atáh Adonai, Elohênu Mélech ha-Olám,
Borê prí ha-êtz.

Bendito Sejas Tu, ó Eterno nosso Deus, Soberano do Universo,
Criador do fruto da árvore.

A primeira coisa que percebemos é que a bênção está no presente, e não no passado. A expressão é "Criador do fruto", e não "... que criou". A bênção, portanto, indica de imediato que o poder criador de Deus está no fruto, no instante em que este é ingerido. No momento em que se adquire essa consciência, o ato de comer se torna um ato de comunhão com o Divino. Já discutimos o significado da palavra "bendito" quando aplicada a Deus. Assim, ao iniciarmos a bênção com as palavras "Bendito Sejas Tu ...", estamos expressando o nosso conhecimento de que Deus é imanente em toda a Criação. Quando a oração é pronunciada num estado de profunda concentração, como na *Amidáh*, as palavras em si nos fazem perceber essa imanência.

Logo depois, referimo-nos a Deus como "nosso Deus" (*Elohênu*). Como já mencionado anteriormente, isso indica que Ele está disponível para nós e nos permite vivenciá-Lo. É a imanência de Deus que O torna acessível a nós e, assim, nos possibilita vivenciar Sua proximidade, sempre que fazemos uma tentativa sincera nesse sentido.

Muita ênfase na imanência de Deus, contudo, poderia levar a pessoa a minimizar Sua grandeza. Pode-se até "ficar íntimo" demais com o Divino. Assim, a expressão seguinte na oração é "Soberano do Universo". Conscientizamo-nos de que essa Presença a quem nos dirigimos é o mesmo Ser Infinito que governa toda a Criação, a mesma Presença que existe em todo o Universo, nas estrelas e nas galáxias além da nossa compreensão.

Quando dizemos que Deus é "Soberano do Universo", evitamos cair na armadilha intelectual do panteísmo. Estamos conscientes de que a presença de Deus permeia todas as coisas, mas percebemos que isso não significa que Deus é tão somente a soma de todas as coisas. Dizemos então que Deus é o Soberano do Universo. O poder do rei abarca todo o seu reino, mas não significa que o rei e seu reino sejam um e o mesmo. Embora a essência de Deus permeie toda a Criação, Deus, Em Si Mesmo, é infinitamente maior que tudo e que qualquer coisa que Ele criou. Concluímos então a bênção de maneira adequada. Em nosso exemplo, a conclusão é, "Criador do fruto da árvore". Outros finais são, "Criador do fruto da terra", para a maioria dos vegetais; "Criador do fruto da vinha", para o vinho; "Que extrai o pão da terra", para o pão; "Criador dos vários alimentos nutritivos", para os grãos; e "Aquele por cuja palavra existem todas as coisas", para qualquer alimento que não esteja nas categorias acima. Designamos o alimento e percebemos o poder criador e a imanência de Deus no alimento que ingerimos.

A bênção deve ser recitada bem lentamente, com a mente vazia de todo pensamento externo. Quando recitada dessa forma, a bênção antes das refeições pode ser uma meditação poderosa.

As pessoas às vezes perguntam por que o judaísmo não tem uma disciplina alimentar como várias religiões orientais. Naturalmente, o judaísmo tem uma disciplina alimentar importante, a saber, observar o princípio da *cashrút* (que torna os alimentos legítimos em termos rituais N.T.). Um animal deve ser abatido de maneira muito específica antes de ser ingerido, e todo o sangue deve ser completamente drenado. É expressamente proibido comer a carne de certas espécies.

A disciplina mais importante do judaísmo, porém, diz respeito à bênção. Quando recitada antes da refeição, então a própria refeição torna-se um ato espiritual. Por meio da bênção, o ato de comer se transforma em um exercício contemplativo. Podemos contemplar a refeição da mesma forma como contemplamos uma flor ou uma melodia. Abrimos nossa mente por inteiro à experiência da mastigação do alimento e a preenchemos com a consciência do seu sabor e da sua textura, ingerindo-o lentamente, conscientes de cada nuança de sabor.

Ao fazermos nossas refeições em um estado de consciência adequado, passaremos a nos contentar com uma quantidade muito menor de alimento. A própria sabedoria do corpo determina quanta comida é necessária, contentando-se com aquela parcela, já que não se está comendo por compulsão ou hábito nervoso. Assim, comemos exatamente o necessário, nem mais nem menos.

Podemos então afirmar que, de modo geral, o judaísmo encara mesmo o ato mais cotidiano como um meio de obter consciência de Deus. Trabalhar, comer, vestir-se, tudo pode se transformar em um ato a serviço de Deus. Se procedermos assim, poderemos começar a ver Deus em todas as facetas da vida.

CAPÍTULO 16

OS MANDAMENTOS

NO CAPÍTULO ANTERIOR DISCUTIMOS COMO UMA AÇÃO, ainda que banal, pode se transformar em um ato a serviço de Deus, pelo qual se vivencia o Divino. Há outras ações, porém, que são especificamente concebidas para aproximar a pessoa de Deus. Elas incluem os vários mandamentos e rituais do judaísmo.

Ensina-se que a Torá contém um total de 613 mandamentos. A ideia de observar 613 mandamentos pode parecer impossível. Na realidade, é preciso ser um sábio até mesmo para saber quais são todos os 613 mandamentos na Torá. Porém, há certa quantidade de listas publicadas dos mandamentos, e um estudo dessas listas mostrará que a maior parte deles pertence apenas a casos especiais, pessoas especiais ou locais especiais. Assim, por exemplo, um grande número de mandamentos trata dos serviços no Templo Sagrado de Jerusalém, que não existe mais e, mesmo quando existia, muitos dos rituais eram da responsabilidade apenas de um sacerdote, ou *cohén*. Outros mandamentos envolvem a agricultura, ou a legislação criminal, e têm pouco a ver com a prática diária do judaísmo.

Dessa maneira, se estudarmos os mandamentos, descobriremos que, em grande parte, a prática do judaísmo é definida por 36 ou 48 deles. Esses mandamentos definem a estrutura do judaísmo, e observá-los é o que torna a pessoa um judeu observante.

Além dos mandamentos encontrados na Torá em si, há inúmeros rituais e costumes que se tornaram parte integrante do judaísmo. Vários deles foram redigidos pelos sábios antigos porque eles perceberam que o povo judeu necessitava de um auxílio espiritual ou de uma dimensão espiritual extra. Os rituais adicionais forneceram essa dimensão e propiciaram às pessoas uma vida espiritual completa, ainda que fosse impossível observar todos os mandamentos.

A Torá prescreve, por exemplo, que todas as festividades judaicas sejam observadas por um dia. Posteriormente, quando houve problemas na determinação do calendário, ficou decidido que as festividades seriam observadas por dois dias fora da Terra Santa. Superficialmente, a razão residia na questão quanto ao dia em que cairia a festividade. O *Zôhar*, porém, afirma que, fora da Terra Santa, era impossível alcançar em um único dia o que deveria ser alcançado espiritualmente no dia da festividade. Assim, um segundo dia foi adicionado, de forma a possibilitar que a pessoa alcançasse o crescimento espiritual prescrito para a festividade.

O mesmo, em grande escala, se aplica aos costumes. O Talmude afirma que, quando o povo judeu adota um costume, o faz com base em algo muito próximo à inspiração profética. Testemunhando o estabelecimento de um costume, Hilêl (século I a.E.C.) observou: "Deixemos que Israel [o povo] siga seu próprio caminho. Se não são profetas, são aprendizes de profetas". Isso sugere que, do ponto de vista coletivo, as pessoas têm o poder de sentir uma necessidade espiritual e satisfazê-la. Assim, mesmo os costumes podem conter um grau intenso de energia espiritual.

Também foi decretado que, antes de observar vários mandamentos e rituais, seja recitada uma bênção. Como discutido anteriormente, toda bênção é uma declaração da imanência de Deus. No entanto, como o mandamento provém de Deus, é também uma expressão de Sua vontade. Deus é idêntico à Sua vontade (ao menos no nível da nossa compreensão) e, portanto, Ele está presente, de forma única, em Seus mandamentos. Quando uma pessoa realiza um ritual ordenado por um mandamento, ela tem a oportunidade de criar uma ligação única com Deus. Todas as orações recitadas com os mandamentos começam da mesma forma:

Barúch Atáh Adonai, Elohênu Mélech ha-Olám
asher kideshánu be-mitzvotáv ve-tzivánu...

Bendito sejas Tu, ó Eterno, nosso Deus Soberano do Universo, Que nos santificaste com Teus mandamentos e nos ordenaste...

Na oração, afirmamos que Deus "nos santifica com Seus mandamentos". Nessa afirmativa, reconhecemos os mandamentos como um meio pelo qual Deus santifica nossas vidas e nos eleva acima do nível material. Percebemos que os mandamentos são meios especiais que Deus nos deu para vivenciarmos o Divino. Ao observar qualquer ritual, deveríamos encará-lo como uma expressão de nosso desejo de nos aproximar de Deus. Novamente, nesse caso, o amor oferece um exemplo pertinente.

Imaginemos que estejamos apaixonados. Estamos constantemente tentando fazer coisas que agradem à pessoa amada e nos aproximem dela. Se a pessoa amada nos faz um pedido, temos aí uma oportunidade única de expressar nosso amor. Não há maior prazer do que esse; o simples fato de fazer algo desejado pelo ser amado transforma esse algo em um ato completo de amor.

O mesmo é válido para os mandamentos de Deus. Eles não são atos que fazemos por conta própria para expressar nosso amor por Deus, mas atos que Deus nos solicitou fazer como prova desse amor. Quando mantemos Deus em nossa mente ao

MEDITAÇÃO JUDAICA ■ 181

observar um mandamento, a experiência pode se tornar um ato extremo de amor e proximidade com o Divino.

Além disso, uma vez que se trata dos mandamentos de Deus, eles estão intimamente vinculados à Sua vontade de forma singular. Essa expressão da vontade divina é tão real como a vontade pela qual Deus criou o Universo. Assim sendo, um mandamento é tão real como um objeto físico. Se refletirmos sobre isso, veremos a observância aos mandamentos como algo real e palpável, preenchido pelo Divino.

Ao observar um mandamento, tentemos meditar sobre o fato de que a vontade de Deus está imbuída naquele mandamento. Em um estado de profunda meditação, seremos realmente capazes de sentir a vontade de Deus nesse ato e o fato de que Deus e Sua vontade são Um.

Além da oração dita antes de um mandamento, há outra meditação que é recomendada pelos grandes místicos judeus, a saber:

> Eu estou fazendo isto em nome da unificação com o Santo Bendito Seja, Ele e Sua Divina Presença, com temor e amor, em nome de todo Israel.

O termo "Santo Bendito Seja" (*Kudeshá berich Hu*) é uma expressão comum em aramaico, usada para denotar Deus, encontrada tanto no Talmude quanto no *Zôhar*. Para compreender o sentido dessa meditação, devemos entender por que é usado esse termo em particular.

Já expliquei que a palavra "bendito", quando aplicada a Deus, refere-se à Sua imanência. No entanto, também devemos compreender a palavra "santo" quando aplicada a Deus. Em geral, quando dizemos que algo é santo, estamos inferindo que é próximo a Deus ou pertence à esfera do culto. Mas o que significa a palavra quando aplicada ao próprio Deus?

Quando usamos a palavra "santo" para descrever uma pessoa ou objeto, estamos indicando não apenas que ela é dedicada a

Deus, mas também que se trata de algo separado do profano, diferente dele. Assim, quando dizemos que Deus é "santo", estamos dizendo que Ele está separado do profano, tanto quanto imaginável. Quando dizemos que Deus é "santo", portanto, estamos dizendo que Ele é absolutamente transcendente.

No judaísmo, há sempre uma tensão entre a imanência de Deus e Sua transcendência. Quando dizemos que Deus é "bendito", reconhecemos que Ele é imanente, embora quando dizemos que Ele é "santo" também tenhamos consciência de que Ele é transcendente. É como se Deus estivesse ao mesmo tempo muito próximo e muito distante. Os cabalistas expressam essa questão afirmando que Deus preenche, e circunda toda a Criação. Por um lado, Ele é imanente e preenche toda a Criação, "nenhum lugar é vazio Dele". Por outro, Ele circunda toda a Criação e é totalmente Outro em relação a ela.

Quando falamos de Deus como o "Santo, Bendito Seja", estamos dizendo que Ele "é o Transcendente, que é Imanente". Estamos declarando que Deus é absolutamente transcendente, mas que podemos também vivenciá-Lo como imanente. Portanto, a expressão o "Santo, Bendito Seja" preenche a lacuna entre a transcendência de Deus e Sua imanência. É como se Deus estivesse muito longe, mas nos estendesse Sua mão para nos permitir segurá-la. Este conceito é representado no Tetragrama pela letra *vav*, como já vimos anteriormente. De fato, os cabalistas afirmam claramente que a expressão "o Santo, Bendito Seja" denota o Divino no nível desse *vav*.

Além do mais, o *Zôhar* afirma que o "Santo, Bendito Seja e a Torá são Um". Isso porque a Torá é o meio pelo qual Deus nos alcança a partir de Sua transcendência. De fato, a Torá se vale de antropomorfismos para descrever Deus, fundamentalmente para torná-Lo mais compreensível e "humano" e nos propiciar a vivência de Sua imanência. Os mandamentos na Torá atuam também como um elo entre Deus e os seres humanos.

MEDITAÇÃO JUDAICA ■ 183

A meditação cabalística unifica o "Santo, Bendito Seja" com "Sua Divina Presença". A palavra hebraica para a Divina Presença é *Shechináh*, que significa, literalmente, "Aquele que habita". A *Shechináh* é um conceito dos mais importantes no judaísmo. Diz-se que a *Shechináh* está onde se manifesta a presença de Deus. Assim, ensina-se que a *Shechináh* estava no Monte Sinai quando Deus entregou os mandamentos e posteriormente passou a estar no Templo Sagrado de Jerusalém. Além do mais, quando uma pessoa vivenciava a profecia, dizia-se que a *Shechináh* estava nela. Como essa palavra origina-se da raiz *shachán*, significando "habitar", *Shechináh* indica que Deus estaria "habitando" determinado lugar.

Mas o que significa dizer que Deus "habita" um lugar? A expressão não pode ser tomada literalmente, posto que a essência de Deus preenche toda a Criação. Quando dizemos que Deus "habita" determinado lugar, estamos na realidade querendo dizer que as pessoas podem ter uma consciência maior de Deus ali. Onde estiver a *Shechináh* haverá uma capacidade maior de vivenciar o Divino.

Quando Deus permite que Sua *Shechináh* permaneça em determinado local ou situação, é como se Ele nos estendesse a mão para recebermos a experiência do Divino.

Essa situação é representada pelo último *heh* – ה do Tetragrama. Mais uma vez, os cabalistas ensinam que a *Shechináh* representa o mesmo nível do Divino que esse *heh* final.

Portanto, quando essa meditação fala de reunir "O Santo, Bendito Seja, e Sua *Shechináh*", está falando de unir os níveis do *vav* e do *heh*: o braço estendido para nós e a mão que Deus nos oferece para que possamos receber. De fato, algumas versões dessa meditação afirmam claramente que nesse momento o *vav* e o *heh* estão sendo reunidos. Observar um mandamento nos permite unir os aspectos masculino e feminino da Presença de Deus no mundo.

Esse é o objetivo essencial da observância de um mandamento. Deus está sempre estendendo Seu braço para nós, desejoso de nos conceder Sua essência e espiritualidade. Antes que possamos ter acesso a essa essência e espiritualidade, precisamos ter um vaso onde contê-las e a "mão" com a qual recebê-las. A forma como o fazemos é tornando-nos receptáculos do Divino. Deus nos dá a nossa mão com a qual receber o Divino, mas nós devemos fazer que ela encontre o Seu braço estendido. O objetivo dos mandamentos é unir o *vav* e o *heh*.

Ao recitar a meditação acima, tenha em mente que você é o receptáculo do Divino. Tente sentir o grande vazio interior que só pode ser preenchido pela essência de Deus e, mais do que tudo no mundo, deseje que esse vazio seja preenchido.

Ao mesmo tempo, devemos estar conscientes da presença de Deus em todas as coisas à nossa volta. Devemos perceber que Ele sempre deseja colocar-Se disponível, mas necessita de um ato de nossa parte. Os mandamentos atuam como um canal e, através deles, nosso ser recebe a essência de Deus. Portanto, ao observarmos um mandamento ou um ritual, devemos ter consciência de que estamos sendo inundados pela luz do Divino.

A meditação prossegue dizendo que o mandamento é observado com "amor e temor". Como vimos, observar um mandamento pode ser uma expressão poderosa de amor. O amor é o sentimento que expressa o desejo de se unir ao Divino. Deve haver um limite para esse amor, ou seríamos completamente tragados por ele. Assim, o amor pelo Divino deve ser equilibrado pelo temor. O amor nos aproxima de Deus, mas o temor evita que cheguemos perto demais.

Quando aprendemos a ver os rituais e os mandamentos sob esse ponto de vista, todo o judaísmo adquire um novo significado. Podemos encarar os mandamentos como um caminho que o próprio Deus nos forneceu para nos aproximarmos d'Ele e vivenciarmos Sua presença.

CAPÍTULO 17

ENTRE HOMEM
E MULHER

NOS CAPÍTULOS ANTERIORES, discutimos como as duas últimas letras do Tetragrama, ו – *vav* e ה – *heh*, representam as forças masculina e feminina da Providência. A força masculina é aquela que atua sobre o mundo, enquanto a força feminina é a que possibilita ao mundo ser receptivo ao poder de Deus.

Essa é uma razão pela qual nos referimos a Deus no gênero masculino quando oramos. Naturalmente, embora em geral façamos referência a Deus no masculino, em Sua verdadeira essência Ele não tem sexo. Referimo-nos a Ele no masculino, porém, porque desejamos que Ele aja sobre o mundo pela força masculina da Providência. Assim, ficamos receptivos à Providência de Deus, como a fêmea é receptiva ao seu companheiro.

A expressão "o Santo, Bendito Seja" está no gênero masculino, e assim é tida como denotando a força masculina da Providência. Refere-se, também, ao ו – *vav* do Tetragrama.

Já a palavra hebraica para a "Divina Presença" é *Shechináh*, que é um nome feminino. A *Shechináh* denota o *heh* final do nome divino, assim como o poder feminino da Providência.

É significativo que a Torá apresente o homem e a mulher juntos como encerrando a imagem do Divino. Segundo a Torá, "Deus criou o homem à Sua imagem, à imagem de Deus Ele o criou, homem e mulher os criou" (Gn. 1:27). Tal afirmação dei-

186 ■ ARYEH KAPLAN

xa claro que o homem e a mulher, juntos, formam a "imagem de Deus".

O motivo é óbvio. O macho e a fêmea têm o poder de fazer algo semelhante a Deus, a saber, criar a vida. O poder de conceber um filho é tão semelhante ao poder de Deus que o Talmude afirma que quando o homem e a mulher geram um filho o próprio Deus é um terceiro parceiro.

Portanto, marido e mulher devem ver um ao outro como um reflexo do Divino. Quando a mulher olha para seu marido, ela deve vê-lo como um reflexo de o "Santo, Bendito Seja", o aspecto masculino do Divino. Da mesma forma, quando o marido olha para sua mulher, deve vê-la como a Divina Presença (*Shechináh*), o aspecto feminino do Divino.

Quando uma pessoa atinge esse objetivo, apreciará completamente a beleza do cônjuge e o verá como um reflexo do Divino. Ele passará também a ter consciência da beleza interior da mulher, que é um reflexo da beleza da *Shechináh*. Pensando dessa forma, o amor preenche nosso ser em relação ao cônjuge, igualando-se ao amor celestial entre as forças masculina e feminina do Divino.

A Torá fala sobre o amor de Jacó e Raquel, e descreve-o como um dos maiores amores que o mundo já viu. Ela relata como Jacó se dispôs a trabalhar como um quase escravo durante quatorze anos para receber a mão de Raquel, e como os quatorze anos "pareceram alguns dias, de tal modo ele a amava" (Gn. 29:20). Os místicos judeus explicam que Jacó via a si mesmo como o aspecto masculino do Divino e a Raquel como o aspecto feminino; dessa forma, seu amor era a contrapartida do amor "de cima".

Quando buscamos um mestre espiritual, a primeira coisa a examinar é o relacionamento do mestre com sua esposa. Pela forma como um homem trata sua esposa, podemos saber como ele se relaciona com a *Shechináh*. Não importa quanto possam parecer profundas as meditações do mestre, não importa a sapiên-

MEDITAÇÃO JUDAICA ■ 187

cia de suas palavras; se ele não tiver um bom relacionamento com sua esposa, então falta algo em sua espiritualidade. Da mesma forma, quando um homem tem um bom relacionamento com sua esposa mesmo diante da tentação e da adversidade, é um claro indicativo de que ele está em um alto nível espiritual.

Uma vez conheci um membro da escola *Mussár* de meditação que havia se casado com uma mulher com uma grave doença mental. Embora ela estivesse cheia de ódio, ele lhe respondia com amor e devoção. Ela o tratava com frieza e crueldade, mas ele sempre a encarava como seu elo com o Divino e dava-lhe amor e respeito em conformidade com seu conceito. Seria ótimo dizer que este amor a curou; na realidade, porém, não o fez. Contudo, ao enviuvar, já idoso, esse homem dizia com frequência como apreciava a esposa e sentia sua falta.

Também é significativo que, na tradição judaica, mística ou não, o celibato não seja encorajado. Moisés, o maior de todos os místicos e profetas, era casado, assim como todos os profetas e sábios. O sexo não é visto como uma fraqueza da carne nem como um mal necessário, mas como um meio de se aproximar de Deus em um nível mais íntimo.

Quando marido e mulher veem um ao outro como personificação da imagem divina, o ato sexual torna-se algo santo, a união das forças masculina e feminina da Criação. Em um nível físico, isso tem o poder de gerar uma criança, mas essas forças equivalem àquelas "de cima", que levaram a Criação a existir.

As forças masculina e feminina da Criação são representadas pelas letras י – *yod* e ה – *heh* do Tetragrama e apresentam uma relação bastante íntima com um ensinamento talmúdico fascinante: a palavra hebraica para homem é איש – *ish*, enquanto a palavra para mulher é אשה – *ishá*. Se examinarmos as palavras, veremos que איש – *ishá* contém um י – *yod*, enquanto אשה – *ishá* contém um ה – *heh*. Segundo o Talmude, trata-se do *yod* e do *heh* do Tetragrama.

Se ' – *yod* e ה – *heh* forem removidos de איש – *ish* e אשה – *ishá*, as letras restantes de ambas as palavras formariam אש – *esh*, palavra hebraica para "fogo". O fogo da paixão que une homem e mulher é visto como o receptáculo das letras do Nome Divino e, portanto, como o receptáculo dos elementos masculino e feminino da Essência Divina. A paixão que une o homem e a mulher deriva do fato de que homem e mulher são as contrapartes dos arquétipos masculino e feminino "lá de cima".

Portanto, na vida íntima do casal, o homem pode ver a si mesmo como preenchido pelo aspecto masculino do Divino, fazendo uma íntima conexão com o aspecto feminino. Analogamente, a mulher pode ver a si mesma como o aspecto feminino, recebendo o aspecto masculino. Ambos podem se dar conta de que, pela união, estão criando uma "imagem de Deus".

Para alcançar esse estágio, é muito importante evitar quaisquer pensamentos externos durante o ato sexual. Os parceiros não devem pensar em ninguém mais do sexo oposto, concentrando-se tão somente um no outro naquele momento. Como em qualquer meditação envolvendo ação, a concentração deve focalizar-se inteiramente no ato em si, e todos os pensamentos externos devem ser delicadamente postos de lado.

No Talmude e na Cabala encontram-se várias diretrizes para ampliar os aspectos meditativos do ato. Primeiro, a experiência destina-se a ser essencialmente táctil. Assim, deve ser realizada em um quarto tão escuro quanto possível. Não deve haver nada que distraia nossa atenção da experiência.

Ensina-se também que não deve haver nenhuma peça de roupa entre os dois corpos. Segundo a Torá, homem e mulher tornam-se "uma só carne" (Gn. 2:24). Isso indica que a carne deve estar em contato direto com a carne, de forma a maximizar a experiência táctil.

Segundo a Cabala, o ato sexual deve se iniciar com palavras de carinho e progredir com beijos, abraços e carícias até se alcan-

MEDITAÇÃO JUDAICA ■ 189

çar a intimidade total. É como se o processo se iniciasse com a mente e a cabeça na palavra e no beijo, passando em seguida para as mãos e o corpo no abraço e nas carícias. Finalmente, o processo passaria para os órgãos sexuais, onde reside a maior fonte do prazer sexual. A energia sexual pode ser sentida descendo pela espinha e pelo corpo, chegando às áreas mais sensíveis. Deus criou o ato sexual como um dos maiores prazeres que o ser humano pode experimentar. Em primeiro lugar, o ato teria de ser prazeroso, de forma que os seres humanos fossem atraídos para ele e, assim, perpetuassem a espécie. Em um nível muito mais profundo, porém, esse prazer é tão grande porque permite que homem e mulher, juntos, reproduzam o Divino.

Quando o homem dá e recebe prazer da mulher e vice-versa, eles podem contemplar esse prazer como uma experiência meditativa, cujo efeito imediato será o de ampliar em muito o prazer inicial. Se considerarem esse prazer uma dádiva de Deus, terão grande alegria com ele e, ao mesmo tempo, vivenciarão um sentimento de gratidão. Em nível mais profundo, eles podem tomar consciência da centelha do Divino no prazer em si e elevá-lo à Sua fonte.

Se um casal tem essas intenções, o ato sexual, então, poderá ser algo santo. Diz a Torá que um homem casado "não diminuirá os direitos conjugais de sua mulher" (Ex. 21:10). Para o Talmude, isso significa que um dos mandamentos nos diz que marido e mulher devem ter relações em intervalos regulares. Assim, durante o ato, marido e mulher podem também meditar no fato de que estão observando um mandamento de Deus. O sexo não é simplesmente um ato mundano que está sendo elevado, mas um ato sagrado por condição própria.

Manter as regras da pureza familiar é algo muito importante para fazer do sexo um ato santo. Isso implica que a mulher conte sete dias depois do final de seu período menstrual e, então, banhe-se em um *mikvêh* (banho ritual). As regras mensais são consideradas um processo de purificação, e a imersão no *mikvêh* um processo de renascimento. (A filosofia do *mikvêh* é discutida detalhadamente em meu livro *As águas do Éden*.) Sob vários aspectos, a imersão no *mikvêh* é mais importante para tornar o sexo um ato sagrado do que o próprio casamento em si.

Em geral, usar as técnicas meditativas durante o ato sexual pode ampliar imensamente o prazer. Nessa prática, a mente do homem volta-se exclusivamente para a mulher e vice-versa, servindo, assim, para fortalecer os laços da união. Os casais que usam regularmente as técnicas meditativas durante o ato sexual têm experimentado importantes ganhos em seus sentimentos em relação ao outro. Casais que passavam por dificuldades conjugais descobriram que, ao santificar sua vida sexual, seu amor cresceu e outros problemas tornaram-se irrelevantes.

O tipo de meditação que um casal pode fazer quando deseja gerar um filho é um pouco diferente porque, se estão em determinado nível de consciência, os pensamentos que afloram em suas mentes durante o ato podem exercer um forte efeito sobre a criança concebida.

Segundo a Torá, quando Jacó desejou que suas ovelhas concebessem uma prole com a pele malhada ou listrada, ele cortou varas com as marcas adequadas e as exibia enquanto as ovelhas se acasalavam (Gn. 30:37,38). Jacó meditava sobre essas varas e, quando em um alto nível de consciência, conseguia projetar seus pensamentos na ovelha que estava sendo concebida, influenciando o seu aspecto. A meditação profunda pode exercer um efeito sobre a estrutura genética dos filhos, assim como sobre a formação espiritual da criança.

Desse modo, quando um casal deseja gerar um filho, deve decidir quanto aos traços que considera mais desejáveis na criança. Deve estar de acordo quanto ao que consideram mais importante e o que mais desejariam que seu filho fosse. Assim, usando as técnicas de visualização discutidas no Capítulo 8 durante o ato sexual, ambos devem visualizar a criança que desejam conceber. Se isso é feito com total concentração, pode exercer uma influência positiva na criança concebida. Embora não seja uma técnica totalmente comprovada, particularmente no caso de o casal não ser perito em meditação, a experiência já demonstrou que tal prática exerce uma influência significativa. A experiência também já demonstrou que os casais com dificuldades em conceber costumam ter sucesso ao usar essa técnica.

Para muitas pessoas, o sexo é associado a culpa e vergonha. Mas, se compreendermos que Deus nos deu o prazer sexual como uma dádiva, veremos que é possível desfrutá-lo em sua totalidade.

Naturalmente, o sexo é também uma área de grandes tentações. Uma pessoa poderá ter cometido atos sexuais, como o adultério, que são vistos como pecaminosos. Aqui, também, devemos nos dar conta de que existe o arrependimento dos pecados; como afirma o Talmude, "Nada permanece de pé diante do arrependimento". Mesmo que caiamos em tentação, poderemos ardorosamente pedir perdão a Deus. O fato de que uma pessoa possa ter pecado ou feito algo errado não precisa diminuir nem destruir sua capacidade de vivenciar o Divino.

O judaísmo vê o ato sexual como algo muito santo, como um meio pelo qual podemos vivenciar uma grande intimidade com Deus. O judaísmo cerca o ato sexual de muitas regras e proibições, não porque veja o sexo como algo sujo ou vergonhoso, mas porque o vê como algo tão santo que não deve ser usado de forma leviana. Usado corretamente, com intenções e pensamentos corretos, o sexo pode ser uma das experiências mais puras e santas da vida, e a meditação pode ampliar esse aspecto da experiência.

CAPÍTULO 18

COMO REMODELAR O *SELF*

UM DOS MOVIMENTOS MEDITATIVOS mais importantes no judaísmo está associado à escola *Mussár*, fundada pelo rabi Israel Salanter (1810-1883). O *mussár*, ou autoaperfeiçoamento, sempre foi um elemento importante no judaísmo; textos importantes sobre o assunto foram publicados já no século X. O movimento *Mussár*, contudo, fez do autoaperfeiçoamento seu principal enfoque, ensinando que devemos nos empenhar continuamente para alcançar o crescimento espiritual, ético e moral ao longo de toda a vida.

Os relacionamentos interpessoais tiveram alta prioridade no movimento *Mussár*. Não bastava ser capaz de vivenciar o Divino; também era preciso ser capaz de conviver com os demais da melhor maneira possível. Raiva, ódio, vingança, maledicência e inveja eram considerados hábitos nocivos que poderiam impedir o crescimento espiritual da pessoa. A premissa era de que, se crescemos em nosso relacionamento com Deus, devemos também crescer em nossa capacidade de nos relacionarmos de forma positiva com os nossos semelhantes. A escola *Mussár*, portanto, esforçou-se por tornar cada indivíduo um santo, no pleno sentido da palavra. Ensinava as pessoas a ser sensíveis às suas próprias falhas, encorajando-as a criar programas pessoais de retificação de si mesmas, uma por uma.

MEDITAÇÃO JUDAICA ■ 193

Até certo ponto, o movimento *Mussár* foi uma reação ao movimento chassídico. O chassidismo começou como um movimento místico. Para escalar montanhas espirituais mais altas, foram necessários guias experientes, ou *rebes*. Em alguns círculos chassídicos, porém, o guia tornou-se mais importante que a montanha. Muitos *chassidím* consideravam seu *rebe* o paradigma do homem santo e viviam uma vida honrada por meio dele, em vez de procurarem seus próprios caminhos.

O movimento *Mussár* desenvolveu-se entre os *Mitnagdím*, oponentes do movimento chassídico. As escolas *Mussár* ensinavam que não bastava viver a vida honrada seguindo um mestre. Toda pessoa tinha a obrigação de se esforçar para viver uma vida honrada à sua própria maneira. Além disso, o movimento oferecia um programa pelo qual toda pessoa podia, gradualmente, aperfeiçoar a si própria.

Existe uma extensa literatura *Mussár* em hebraico. Algumas das obras mais importantes do *Mussár*, como *O caminho do justo* (*Messilát Yesharím*), de Moses Hayim Luzzatto, e *Vias da retidão* (*Orchót Tzadikím*), anônimo, foram traduzidas para o inglês.

A primeira parte do programa *Mussár* consistia em tornar um hábito diário a leitura de uma lição de um *Mussár* clássico. Após a leitura da lição, deveríamos passar um curto período de tempo contemplando-a e relacionando-a à nossa própria vida.

À medida que progredíssemos, a contemplação se tornaria uma meditação. Leríamos uma lição de um texto *Mussár* clássico relativo a como melhorar a qualidade ética, moral e religiosa da própria vida e, a seguir, meditaríamos sobre a lição durante vinte a trinta minutos. Trata-se de um tipo simples de meditação, similar àquele descrito no Capítulo 3, onde discuti a meditação sobre como reorganizar nossas vidas. É uma meditação em que a pessoa considera um aspecto específico da própria vida e pensa em maneiras de melhorá-lo.

Em meditações como essas, os pensamentos externos são delicadamente afastados da mente. Algumas autoridades, como o Baal Shem Tov, porém, sustentavam que a pessoa poderia prestar atenção aos pensamentos externos, uma vez que tais pensamentos poderiam oferecer pistas sobre o rumo a tomar. Podemos fazer anotações mentais desses pensamentos e, depois, analisá-los para ver como usá-los para atingir as nossas metas. O programa de autoaperfeiçoamento poderia incluir mais do que apenas questões morais. As escolas *Mussár* viam seu método como uma forma de se tornar um ser humano mais eficaz. Problemas como timidez, indecisão, falta de motivação e afins também poderiam ser resolvidos pelos métodos *Mussár*.

A segunda parte do programa consiste numa repetição ao estilo mântrico do conceito sobre o qual a pessoa estaria trabalhando. Imagine, por exemplo, uma pessoa com tendências à maledicência que desejasse cortar esse hábito. Ela poderia se conscientizar de que fazer mexericos é prejudicial para os outros e moralmente errado, e que isto é proibido pelo mandamento da Torá "Não serás um maledicente em meio ao teu povo" (Lv. 19:16).

O método para quebrar o hábito da maledicência seria repetir o versículo bíblico "Não serás um maledicente em meio ao teu povo" diariamente, durante vinte a trinta minutos, como um mantra. À medida que se trabalha nele, a mensagem é gradualmente absorvida, e atinge-se o autocontrole necessário para evitar a maledicência.

Outra técnica eficiente é descrita pelo rabi Nachman de Bratslav, a qual consiste em falar às várias partes do corpo. Se desejamos alterar determinada característica, podemos conversar com a parte do corpo associada àquela característica e, assim, modificar suas ações.

Tomemos o exemplo acima da maledicência. Poderíamos usar a técnica do rabi Nachman e falar com nossa língua, dizendo-lhe para nunca mais falar mal de outra pessoa. Se fizermos

MEDITAÇÃO JUDAICA ■ 195

isso por determinado período de tempo, todos os dias, veremos que se trata também de uma forma eficiente de meditação. Vamos supor que você deseje perder peso. Você poderá usar as técnicas do *Mussár* e outras técnicas meditativas de várias maneiras. Poderá simplesmente usar a frase "Eu vou perder peso" como mantra. Poderá falar com seu corpo e dizer-lhe que deseja ser magro. Também poderá usar a técnica imaginativa: imagine-se magro, como ficaria e como se sentiria mais leve. Gradualmente, sua autoimagem começará a mudar. Também poderá falar com sua boca, dizendo-lhe para não comer tanto, e com o estômago, dizendo-lhe para desejar menos comida. Uma combinação das técnicas seria eficaz para superar até mesmo hábitos já enraizados em nossas vidas.

As escolas *Mussár* fornecem várias sugestões para tornar qualquer programa de autoaperfeiçoamento mais eficaz. A primeira é não tentar fazer muitas mudanças de uma só vez. Um ensinamento talmúdico – "O que procura agarrar em excesso nada agarra" – é tomado como uma palavra de advertência. É melhor ser bem-sucedido em pequenas mudanças do que falhar nas grandes. Se tivermos êxito em uma pequena mudança em nossa vida, será fácil ampliar esse sucesso.

A mensagem importante é de que o sucesso alimenta o sucesso e o fracasso alimenta o fracasso. As pessoas costumam tentar mudar seu estilo de vida e tentam várias vezes, apenas para se defrontar com o fracasso. Isso é particularmente válido quando tentamos emagrecer ou parar de fumar.

Vamos supor que você deseje parar de fumar. Você mantém essa resolução por algumas semanas, mas então sente que não pode passar o resto de sua vida sem um cigarro, e volta ao mau hábito. Terá experimentado um fracasso, o que tornará a próxima tentativa ainda mais difícil. Decorridos vários fracassos dessa ordem, você acaba desistindo, achando que parar de fumar é algo que está acima do seu controle.

196 ■ ARYEH KAPLAN

A abordagem *Mussár* consiste em parar de fumar por determinado período de tempo, digamos, trinta dias. Ao final do trigésimo dia, você poderia voltar a fumar. Essa é a chave do sucesso. Durante o período de trinta dias, você não teria de se confrontar com o fato de que nunca mais colocaria um cigarro na boca, ou que teria de manter esse nível de autocontrole durante o resto de sua vida. O tempo de abstinência torna-se suportável, pois tem um limite.

A questão levantada por essa técnica é que, ao final do período de trinta dias, você é livre para optar se recomeça ou não a fumar. Se retomar o hábito, você não terá a sensação de fracasso. Muito pelo contrário: terá sido bem-sucedido por ter mantido sua abstinência de trinta dias e, assim, já tem um sucesso sobre o qual construir outro. Posteriormente, você poderá parar por outro período de trinta dias. Depois de fazê-lo várias vezes, poderá achar que o desejo de fumar já não é tão forte assim.

Naturalmente, ao final de qualquer desses períodos de trinta dias, você poderá decidir-se por não voltar a fumar. Se um período de trinta dias foi um sucesso, o segundo período de trinta dias será ainda mais fácil. Ao proceder assim repetidas vezes, um período de trinta dias após o outro, o hábito de fumar vai se tornando cada vez mais fraco, até que cesse a vontade de fumar.

Isso é particularmente válido se, durante o período de abstinência, você usar as técnicas de meditação do *Mussár* já discutidas. Pode-se usar a expressão "Desejo parar de fumar" como mantra para ajudar a fortalecer a própria vontade de forma que, ao final do período de trinta dias, o desejo de fumar terá diminuído. Outras técnicas de meditação também poderiam ser úteis.

A ideia de usar períodos de trinta dias é um instrumento muito poderoso no crescimento espiritual. Muitos hábitos morais ou éticos são mais fáceis de quebrar do que os hábitos de fumar ou comer, já que nestes últimos estamos lidando com o corpo e não com a mente. Muitos hábitos, nocivos do ponto de

MEDITAÇÃO JUDAICA ■ 197

vista moral ou ético, podem ser eliminados em um período de trinta dias.

Podemos trabalhar em um número relativamente grande de características no decorrer dos anos e, assim, crescer continuamente, tanto espiritual quanto moralmente. Podemos remodelar a nós mesmos, transformando-nos na pessoa boa e honrada que sempre desejamos ser. O lugar onde estamos não é mais importante do que o lugar para onde estamos indo. Se estivermos dispostos a devotar nossa vida ao crescimento contínuo, praticamente não há limites para os níveis que podemos alcançar.

Glossário

Agadáh – s.f. Do hebraico, literalmente: legenda, lenda, mito, história, dito, narrativa, passagem homilética na literatura rabínica. 1. Discussões moral-religiosas em forma de narrativas, parábolas ou provérbios, incluídas no Talmude. 2. Qualquer passagem *não haláchica* do Talmude é chamada de *Agadáh*. Aplica-se a todos os tópicos possíveis – geografia, medicina, filosofia, matemática, astronomia, astrologia etc. Passagens *agádicas* são encontradas em todos os tratados do Talmude e mais frequentemente na *Guemaráh*.

Amidáh – s.f. Literalmente: "estar de pé", do verbo *amád*. Nome da principal oração que o judeu observante faz, três vezes ao dia, em completo silêncio, e em pé: pela manhã, ao entardecer e à noite, chamada também de *Tefilát Shmonéh Esréh* (Oração das Dezoito Bênçãos). Foi codificada pela Grande Assembleia *(Knésset haGuedoláh)*, quando o diálogo Deus–homem (por meio da profecia) deixou de existir e foi substituído pelo diálogo homem–Deus (por meio da oração).

Aramaico – Língua semítica falada pelos arameus e pelos judeus, que atingiu o apogeu entre os anos 600 a.E.C. e 650 d.E.C. A *Guemaráh* (comentários à *Mishnáh*) foi escrita em aramaico.

Baal Shem Tov – Israel ben Eliézer, conhecido como *Baal Shem Tov*. Criador do *chassidismo*. Nascido em 1700 na aldeia de Okop, na Podolia, e falecido em 1760 em Miedzyborz (Ucrânia, então sob domínio polonês), o *Baal Shem Tov* influiu grandemente sobre os judeus da Europa Oriental, propiciando o surgimento de um sentimento religioso que atingiu alturas inimagináveis de realização es-

MEDITAÇÃO JUDAICA ■ 199

piritual, pela intuição mística. O núcleo do *chassidismo* é a crença na Imanência ou Presença Divina (*Shechináh*). Para o *chassidismo*, a relação ativa com a Deidade pode ser atingida pelo fervor e a alegria. Deus pode ser servido, ou cultuado, de todas as maneiras possíveis: na oração, no relacionamento correto com os homens e em qualquer ato realizado pelo indivíduo. A oração se reveste, no *chassidismo*, de um caráter meditativo e criativo.

O título *Baal Shem Tov* origina-se da expressão *Baal Shem*, "Mestre do Nome", dado pelos judeus aos místicos e rezadores que se propunham a curar doenças e afastar maus espíritos pela utilização do *Tetragrama*. A expressão *Baal Shem Tov*, – "Mestre do Bom Nome", foi utilizada em relação a *Israel ben Eliézer* pelo fato de seus poderes místicos terem sido considerados realmente eficazes, ou seja, "bons".

CASHRÚT – s.f. 1. O estado de estar *cashér*. 2. O corpo das leis dietárias judaicas.

CASHÉR – adj. 1. De acordo com as leis dietárias judaicas, ritualmente puro, 2. Legítimo, permitido. 3. Genuíno, autêntico.

CHASSID – s.m. Pl.: *chassidím*. Literalmente: justo, pio, benevolente, santo. Seguidor do *chassidismo*.

CHASSIDISMO – Três movimentos populares receberam esse nome. O primeiro, de natureza político-religiosa, surgiu no século II a.E.C., como reação popular à tendência helenizante da elite judaica, e deu origem à revolta dos Macabeus. O segundo, surgido entre os judeus da Alemanha no século XIII, teve caráter religioso místico e aspectos quietistas, constituindo uma reação de fuga à realidade insuportável criada pelas Cruzadas. O terceiro surgiu na Polônia, em 1736, como reação ao estado de torpor e desesperança que se abateu sobre os judeus após os massacres de Chmielnicki, em 1648, e a catástrofe nacional em que se constituiu o desastrado movimento "messiânico" de *Sabatai Tzevi*, em 1666. Ver *Baal Shem Tov*.

CHAYÁH – s.f. Pl.: *chayót*. Literalmente: animal. Na literatura cabalística representa seres angélicos viventes, com quatro faces, todas vistas ao mesmo tempo pelo profeta Ezequiel.

COHÉN – s.m. Pl.: *cohaním*. Homens da tribo de Levi, descendentes diretos do sacerdote Aarão (Aharón), irmão de Moisés. Tinham tarefas específicas no Templo de Jerusalém. O *Cohén Gadol* (o Sumo Sacerdote) tinha a responsabilidade de pronunciar o nome ine-

200 ■ ARYEH KAPLAN

fável de Deus – o Tetragrama, no Santo dos Santos (Santuário Sagrado), nas cerimônias de *Iom Kipúr*.

GRANDE ASSEMBLEIA – Ver *Knésset haGuedoláh*.

GUEMARÁH – Da raiz hebraica: *gamár* – completar. No Talmude tem o significado de "estudar" (dominar o assunto completamente). O substantivo *guemár* denota aquilo que foi estudado, conhecimento adquirido pelo estudo. *Guemaráh* designa especificamente o segundo elemento constituinte do Talmude, ou seja, as discussões posteriores à elaboração e codificação da *Mishnáh*, sustentadas pelos sábios chamados *Amoraím*. A *Guemaráh* é a parte do Talmude na qual são debatidos, analisados, dissecados e definidos os princípios a partir dos quais são decretadas as decisões *haláchicas*.

GUERSHÔNIDES – *Rabi Levi ben Guershón* (1288-1344). Apresentou uma descrição clara da experiência da reclusão profética. Afirmou que a obtenção do estado de revelação profética consiste em isolar (*hitbodéd*) a consciência da imaginação, ou a ambas, de outras faculdades mentais perceptíveis.

GUERUSHÍN – s.m. Pl. do termo *guerúsh*. Literalmente: afastamento, expulsão. É também o termo técnico que designa o divórcio. Método de meditação que buscava alcançar a iluminação mística, por vezes a partir de um versículo bíblico, usado pelos místicos de Safed no século XVI.

HALACHÁH – s.f. Da raiz hebraica: *halách* – andar, seguir. Figurativamente o ensino, a regra, o estatuto que se deve seguir ou cumprir. 1. Lei oral judaica, posteriormente compilada, que suplementa e explica a lei escrita. 2. Prescrições da lei judaica e da conduta. A *Halacháh* é a parte do Talmude que trata das sentenças e das leis.

A tradição oral ou o corpo do estudo tradicional judaico corresponde a um triplo desenvolvimento: *Midrashím* (plural de *Midrásh*), *Halachót* (plural de *Halacháh*) e *Agadót* (plural de *Agadáh*).

HASKALÁH – s.f. Literalmente: conhecimento, erudição. Termo adotado por um movimento de judeus alemães do século XVIII, lançado com o objetivo de levar os judeus a se familiarizar com a cultura europeia, como instrumento privilegiado de emancipação das populações judaicas até então confinadas nos guetos (bairros fechados). Adquiriu, rapidamente, uma intenção antirreligiosa militante.

MEDITAÇÃO JUDAICA ■ 201

HEICHALÓT RABATÍ – Livro-texto: "O Grande Livro das Câmaras" (os "Palácios Divinos"). É o texto principal sobre o misticismo da *merkaváh* (carruagem).

HITBODEDÚT – s.f. Deriva do verbo *hitbodéd* – isolar-se, estar sozinho. A chave para entender esse termo como indicando a meditação encontra-se nos escritos de *Abraham Moisés Maimón*, filho de Maimônides. Ele escreve sobre dois tipos de isolamento: o autoisolamento externo e o autoisolamento interno. O primeiro refere-se a um isolamento físico, nas florestas, bosques, cavernas, em qualquer lugar afastado das pessoas. O isolamento interno consiste em isolar a mente de todas as sensações, e até do próprio pensamento. Isso se chama, nos textos não judaicos, usualmente, de estado meditativo. O termo hebraico *hitbodedút* designa qualquer prática que leva o indivíduo ao estado meditativo, preenchendo a mente apenas com o objeto de sua meditação.

HITBONENÚT – s.f. Literalmente: contemplação. Designa outra forma de meditação. O grande filósofo Maimônides (1135-1204) dizia que usava a meditação, a *hitbonenút*, quando contemplava as obras da Criação. A contemplação, ou *hitbonenút*, desempenha um papel importante na obra *"Messilát Yesharím"* (O Passo dos Justos), do grande cabalista *rabi Moshé Chaím Luzzatto* (1707-1747).

IESHIVÁH – s.f. Pl.: *ieshivót*. A palavra deriva do verbo *iasháv* – sentar, habitar, residir. Como substantivo, indica reunião, sessão. Designa também um estabelecimento de ensino talmúdico para adolescentes e adultos, onde se estuda o Talmude, o *Shulchán Arúch*, a filosofia judaica etc. Complementa a educação judaica iniciada no *Chéder* – literalmente "quarto" (de estudo), onde as crianças começam o estudo do judaísmo pelo Levítico, da Bíblia hebraica.

IÍDICHE – s.m. Língua falada pelos judeus da Europa Central, cuja base é o alemão do século XIV, acrescida de elementos hebraicos e eslavos. Depois do genocídio da Segunda Guerra Mundial e da criação do Estado de Israel, quando o hebraico passou a predominar, é falada principalmente nos círculos religiosos ortodoxos, nos Estados Unidos, em Israel e no resto do mundo.

KAVANÁH – s.f. Literalmente: intenção. Termo que denota a concentração espiritual durante a oração, a meditação ou durante a execução de um ritual ou mandamento religioso.

202 ■ ARYEH KAPLAN

KIPÁH – s.f. Solidéu. Os judeus religiosos usam-na como sinal de respeito à Divindade.

KNÉSSET HAGUEDOLÁH – s.f. Literalmente: a Grande Assembleia. Conselho Supremo. Consistia numa assembleia de 120 sábios rabínicos. Representou a primeira liderança no segundo Estado judaico, após o retorno do Exílio na Babilônia (século V a.E.C.), depois da destruição do primeiro Estado e do Primeiro Templo.

MAARÍV – s.m. Ou *Arvít* – s.f. Oração da noite. Realizada após o pôr do sol. Estabelecida pela Grande Assembleia.

MAASSÉ BERESHIT – "Obra da Criação" ou "Mistérios da Criação". Conjunto de textos místicos a partir dos relatos bíblicos da criação do Universo, constituindo uma das mais antigas coleções de conhecimentos cabalísticos.

MAASSÊ MERCAVÁH – "Obra da Carruagem" ou "Mistérios da Carruagem". Ensinamentos místicos a partir da descrição da Carruagem Divina, em Ezequiel I 1-10.

MAGUID – s.m. Historicamente: 1. Pregador itinerante, anunciador. 2. Narrador. Em termos místicos, indica um agente celestial (voz, anjo, espírito) que proporcionava a iluminação sobrenatural ao místico. Muitos cabalistas afirmavam receber visitações de um *maguid* desse tipo.

MAIMÔNIDES – *Rabi Moshê Ben Maimón* ou Maimônides (1135-1204). Em hebraico conhecido também por Rambám, termo formado pelas iniciais de seu nome. Grande filósofo judeu nascido na Espanha moura, viveu a maior parte de sua vida no Egito, onde era o médico da corte. Escreveu, entre outros, o *"Moréh Nevuchím"*, "Guia dos Perplexos", que procurava conciliar o estrito racionalismo filosófico (a partir dos ensinamentos de Aristóteles) com a pura fé exigida pelos textos religiosos, e o *"Mishnéh Toráh"*, *"A Repetição da Torá"*, um imenso comentário crítico a toda a Torá oral (ou seja, ao Talmude), uma das obras fundamentais do judaísmo.

MASSORÁH – (ou *massóret*) s.f. Tradição.

MIDRÁSH – s.m. Coleção de textos curtos de caráter filosófico, ético ou folclórico, muitas vezes complementando ou comentando passagens da Torá.

MEDITAÇÃO JUDAICA ▪ 203

Mishnáh – Da raiz hebraica: *shanáh* – a) repetir; b) estudar (algo transmitido oralmente); c) ensinar; d) tradição oral em oposição à *mikrá*, que significa leitura, texto escrito. A *Mishnáh* especificamente significa: o conteúdo da lei tradicional judaica desenvolvida até o fim do segundo século da Era Comum, pelos sábios chamados *Tanaím*. A *Mishnáh* foi codificada pelo *rabino Yehudáh Hanassí*, no segundo século da E.C. A *Mishnáh* é a estrutura teórica da *Halacháh* (lei).

Menorá – s.f. Candelabro do Templo.

Mezuzáh – s.f. Pequena caixa afixada ao batente das portas nas casas de judeus, contendo um pergaminho com os versículos de Deut. 6 4-9. (Ver também *Tefilín*.)

Mikvêh – s.m. Um reservatório, com medidas especiais, para conter água coletada diretamente da chuva, que serve para banhos rituais.

Mincháh – s.f. Literalmente: oferenda, tributo, oblação. Designa a oração do entardecer, antes do pôr do sol, atribuída ao patriarca Isaac. Estabelecida definitivamente pela Grande Assembleia.

Mitnaguéd – s.m. Pl.: *mitnagdím*. Literalmente: opositor. *Mitnagdím* eram os que se opuseram ao *chassidismo*, sob a acusação de que este tendia a substituir o conhecimento da Lei por um voluntarismo individualista irracional, permitir a prática do curandeirismo e admitir a mediação do rabino entre o fiel e a Divindade. De fato, tais acusações baseavam-se na má interpretação das tendências místicas do *chassidismo*, e quando as suas obras foram estudadas tornou-se claro que o *Baal Shem Tov* e os seus discípulos eram estudiosos ardentes dos textos antigos.

Mitsváh – s.f. Do hebraico: mandamento (lei) de origem divina, cujo plural é *mitsvót*. A tradição judaica enumera na Bíblia 248 mandamentos positivos e 365 mandamentos negativos. Usa-se também com o sentido não legal de "boa ação", ato moralmente valorizado.

Mussáf – s.m. Literalmente: adicional. É o nome de uma oração adicional, que também se faz em pé, em silêncio, nos sábados e nas festividades, com o mesmo formato da *amidáh*, geralmente depois da leitura da Torá. Na oração de *mussáf* as saudações e os agradecimentos a Deus são mantidos. As petições intermediárias são substituídas por uma seção especial, dedicada a uma festividade em particular: Sábado, Páscoa etc.

204 ■ ARYEH KAPLAN

MUSSÁR – s.m. Literalmente: ética, moral. Também é nome de um movimento religioso, surgido no século XIX, empregando o estudo de obras de devoção, "contemplando" cada um dos conceitos para atingir o automelhoramento. Apareceu como resposta ao *chassidismo*.

NÉFESH – s.f. Provém do verbo *napêsh* – animar. Ou ainda do verbo *nipásh* – descansar. Literalmente: alma ou *anima*. Em termos cabalísticos, representa a alma inferior.

NESHAMÁH – s.f. Provém do verbo *nashám* – respirar ou inalar. Significa "alma". Em termos cabalísticos, representa a alma superior.

PANOSCOPIA – s.f. Do grego *scop* – ver, examinar; e *pan* – todo. Denota a possibilidade de ver um objeto opaco totalmente visível a partir de um ponto único, como se não houvesse opacidade alguma.

RÚACH – s.m. 1. Literalmente: vento; espírito. 2. *Rúach haKodesh*: Espírito Sagrado.

SAFED – Cidade de Israel, na Galileia. Centro de irradiação cabalística e da codificação da lei judaica. Nela, a partir de 1530, viveram: *rabi Shlomóh Alkabats* e seu famoso discípulo *Moisés Cordovero*, o *rabi Jacob Berab* (1474-1546), o *rabi Joseph Caro* (1488-1575). Outros famosos cabalistas lá se estabeleceram, como o grande *Ari – rabi Isaac Lúria hakadósh* (1534-1572) – um dos maiores teóricos da Cabala e da meditação.

SÊFER YETSIRÁH – O Livro da Criação – o mais antigo e misterioso livro-texto cabalístico. Escrito em hebraico, apresenta uma doutrina monoteísta mística da Criação. No centro da Criação estão as 22 letras do alfabeto hebraico e os dez elementos numéricos, as *sefirót*. O livro é atribuído a Abraão, e outros consideram-no escrito por *rabi Akivah*. É um livro cabalístico que envolve a meditação. Trata das permutações de nomes divinos, de letras e métodos semelhantes, para atingir estados elevados de consciência meditativa.

SEFIRÁH – s.f. Pl.: *sefirót*. Literalmente: algarismo. A literatura cabalística introduz o conceito das dez *sefirót* ou "emanações", os dez princípios metafísicos que sustentam o mundo. O Criador atua por meio dessas emanações, que agem como "véus" – estágios, vasos ou níveis – por meio dos quais Ele transmite ao homem a Sua Graça, restringindo-a de modo que os mundos não se despedacem devido à grande abundância de Luz.

MEDITAÇÃO JUDAICA ▪ 205

As dez *sefirót* são:

1. *Kéter*	Coroa
2. *Chochmáh*	Sabedoria
3. *Bináh*	Inteligência
(*Dáat*	Conhecimento)
4. *Chéssed*	Amor, compaixão
5. *Guevuráh*	Força
6. *Tiféret*	Beleza
7. *Hod*	Esplendor, glória
8. *Nétsach*	Triunfo, eternidade
9. *Yessód*	Fundação
10. *Malchút*	Soberania, reinado

SERAFÍM – s.m. Plural do hebraico *seráf:* uma das ordens dos seres celestiais ou anjos.

SHACHARÍT – s.f. Deriva da palavra hebraica *sháchar* – aurora. Oração da manhã. É atribuída a Abraão. Estabelecida definitivamente pela Grande Assembleia.

SHECHINÁH – s.f. A Presença Divina. Chamada também de Providência Divina. Um termo feminino em oposição ao *Tetragrama* ou a *Elohím*, que denotam o lado masculino do Eterno. Esses termos são muito discutidos na Cabala.

SHEMONÉH ESRÉH – As "Dezoito Bênçãos". Ver *Amidáh*.

SHULCHÁN ARÚCH – Obra escrita por *rabi Iosséf Caro* (1488-1575), que viveu em Safed. Codificação da lei judaica. Essa obra é a base para a maioria das decisões rabínicas legais (*Halacháh*). Complementa a obra de Maimônides, que sistematizou a lei oral (ver Maimônides). Caro a unificou e codificou.

SIDÚR – s.m. Livro das preces diárias, para a *Shacharít*, a *Mincháh* e o *Maaṛív*. Em algumas versões encontram-se orações especiais dedicadas à santificação do início do mês (*rósh chódesh*), à bênção da Lua Nova (*kidúsh Levanáh*), os salmos de Aleluia (*Halel*), que são recitados em determinadas festividades, e outras preces.

TABERNÁCULO – 1. Tenda portátil, que foi o santuário do Eterno durante a peregrinação dos israelitas pelo deserto, depois que se libertaram do Egito. É o símbolo do encontro entre Deus e o homem. 2. A parte do Templo de Jerusalém onde ficava a Arca da Aliança.

206 ■ ARYEH KAPLAN

Talít, tsitsít – s.f. Xale de orações em forma retangular, nos quatro cantos do qual são atadas franjas – *tsitsít* (ou borlas). É usado pelos homens, principalmente durante as preces matinais. Essa prática origina-se do mandamento divino que se lê em Números 15; 39: "... *E fareis para vós franjas nos cantos de vossas vestes em todas as gerações (...) e vendo-as, vos lembrareis de todos os mandamentos do Eterno; E os poreis em prática, sem jamais seguir os desejos do vosso coração e dos vossos olhos...*"

Talmude – Da raiz hebraica: *lamád* – estudar. a) Literalmente: *estudando ou estudo* como uma atividade intelectiva em oposição à *maassé* – ação, prática ou observância legal. b) Como um substantivo oriundo do verbo reflexivo *liméd* – ensinar, instruir, tem o significado de "instrução". O Talmude designa o conjunto dos dois componentes da Torá oral – *Mishnáh* e *Guemaráh*. É o resultado da criação coletiva de milhares de sábios, um trabalho iniciado no tempo de *Ezrá* e dos Escribas (*sofrím*), estendendo-se até o século VI da E.C.

Tefiláh – s.f. Do hebraico: oração, súplica. No Talmude refere-se à oração da *Amidáh* (ver).

Tetragrama – s.m. Em grego: conjunto de quatro letras. Refere-se às quatro consoantes hebraicas (Y, H, V, H) pelas quais é designado, na Torá, o nome divino. Nos textos judaicos traduzidos do hebraico é costume substituir o *Tetragrama* pelo termo "Eterno", em obediência ao mandamento divino de não pronunciar o nome de Deus em vão, ao deparar-se com o Tetragrama em meio à leitura.

Torá – s.f. Literalmente: ensinamento. Traduzido normalmente por Bíblia, indica, em termos gerais, todo o conhecimento religioso judaico. Especificamente, refere-se ao Pentateuco, ou seja, aos cinco primeiros livros da Bíblia.

Tefilín – s.m.Pl.: *filactérios.* Pequenas caixas de couro que contêm passagens da Escritura – Ex. 13:1-10; Ex. 13:11-16, Deut. 6:4-9; Deut 11:13-21 – e são afixadas sobre a testa e o braço (geralmente o direito) pelos judeus durante a recitação das preces matinais. O uso de *tefilín, mezuzót, talít e tsitsiót* (plural de *tsitsít*) origina-se no versículo 6 do Livro Deuteronômio: "*E amarás o teu Deus com todo o teu coração, com toda a tua alma e com toda a tua força. E que estas palavras que te ordeno hoje estejam em teu coração, e as ensinarás aos*

MEDITAÇÃO JUDAICA ■ 207

teus filhos, e delas falarás ao estares sentado na tua casa ou andando nos teus caminhos, ao estares deitado ou em pé. E tu as atarás como sinais nas tuas mãos (filactério do braço) *e como um frontal entre os teus olhos* (filactério da testa) *e as escreverás nos umbrais das tuas casas e nos teus portais*" (*mezuzáh*).

TIKÚN – s.m. Pl.: *tikuním*. Reparação, conserto, correção. Exemplos: *Tikún chatzót* – oração da meia-noite, em memória à destruição do Templo e pela restauração de Israel. *Tikún neshamáh* – oração para purificação da alma. *Tikún olám* – oração ou ato para "consertar" (aperfeiçoar) o Universo.

TIKUNÊI ZÔHAR – Comentários ao *Zôhar*. Literalmente: "Reparação do Esplendor".

TOSSEFTÁ – Conjunto de *halachót*, coletadas pelos últimos *Tanaím*, eruditos da época *mishnáica*, incluído como comentários adicionais no Talmude.

TOSSAFÓT – O texto talmúdico é cercado por vários comentários e notas marginais adicionais, chamadas de *chidushím* (inovações). O mais importante desses comentários é o do *rabi Shlomóh Itschaki – Rashi* (1040-1105). Do outro lado do texto estão dispostas as notas explicativas adicionais – *tossafót*, de eminentes talmudistas dos séculos 12 e 13 da E.C.

YESHIVÁ – s.f. Local de estudo da Torá, escola de formação rabínica.

YICHÚD – s.m. Pl.: *yichudím*. Do verbo hebraico *yachád* – unir. União, junção, justaposição. Como termo meditativo significa "unificação". Faz parte das técnicas cabalísticas e meditativas pelas quais se procura abolir a fronteira entre o mundo físico e o Universo das *Sefirót* ("Emanações").

ZÔHAR – O principal livro da literatura cabalística hebraica. A tradição o atribui ao *rabi Shimeón bar Yochái*, que viveu no século II. Do ponto de vista da crítica acadêmica, sua autoria se deve ao *rabino Moisés de Léon*, um cabalista do século XIII.